Safi Nidiaye

Meditationen für den Abend

Safi Nidiaye

Meditationen für den Abend

Knaur
MensSana

Herausgegeben von Hans Christian Meiser

Von Safi Nidiaye sind bei Knaur außerdem erschienen:
Zauberworte der Liebe
Meditationen für den Morgen

Die Folie des Schutzumschlages sowie die Einschweißfolie
sind PE-Folien und biologisch abbaubar.
Dieses Buch wurde auf chlor- und säurefreiem Papier gedruckt.

Besuchen Sie uns im Internet: www.droemer-knaur.de
Alle Titel aus dem Bereich MensSana finden Sie im Internet unter
www.knaur-mens-sana.de

Originalausgabe September 2006

Umschlaggestaltung: ZERO Werbeagentur, München
Umschlagabbildung: Getty Images
Druck und Bindung: GGP Media GmbH, Pößneck
Printed in Germany
ISBN-13: 978-3-426-66575-6
ISBN-10: 3-426-66575-1

2 4 5 3 1

Inhaltsverzeichnis

Vorwort

Nach meinen Meditationen für den Tagesbeginn, »Im Licht des neuen Morgens«, sind dies meine Meditationen für den Abend und die Nacht. Diese Texte, teils Früchte meiner eigenen Meditationen, teils spontaner Inspiration oder Intuition, sind nicht dazu gedacht, als Meditationsanleitung befolgt zu werden, sondern sie sollen Sie zu eigenen Meditationen anregen. Ich stelle mir vor, dass Sie einen der Texte auswählen, der Sie gerade besonders anspricht, und ihn auf sich wirken lassen. Wenn Sie dann über dasselbe Thema meditieren möchten, können Sie sich vielleicht einfach die Überschrift zu Nutze machen, die in Kurzform das jeweilige Meditationsthema umreißt. Außerdem habe ich in jedem Text einen Satz hervorgehoben, den Sie sich – falls er Sie inspiriert – in Ihre Meditation mit hineinnehmen können. Manche dieser Sätze eignen sich auch als »Merksätze«, die man in den Schlaf oder in den Tag mitnehmen kann, beispielsweise indem man sie auf Zettel schreibt, die man neben das Bett legt, ans Telefon oder zu den Dingen des Arbeitsplatzes. Andere wiederum, die Sie besonders hilfreich oder inspirierend finden, möchten Sie vielleicht weitergeben, indem Sie sie mit einem kleinen Gruß per SMS oder E-Mail oder Postkarte an jemanden schicken…

Natürlich können Sie die Texte des vorliegenden Buches auch einfach lesen und es dabei belassen. Meiner Erfahrung nach entfalten etliche von ihnen auch dann ihre Wirkung. Vielleicht ertappen Sie sich kurz darauf bei einer stillen Meditation oder einer vertieften Betrachtung des Themas, von dem der Text gehandelt hat, bei einer neuen Erkenntnis oder Sichtweise in diesem Zusammenhang oder dabei, wie Sie plötzlich überflüssige Termine aus Ihrem Kalender streichen, um Raum für Muße zu schaffen.

Der Abend ist von einer gänzlich anderen Energie erfüllt als der Morgen; die Themen, über die man am Abend meditiert, sind zwangsläufig andere, weil die Stimmung eine andere ist. Beim Schreiben, bei der Gliederung in Kapitel und der Auswahl der Themen habe ich vorwiegend an die Menschen gedacht, die vom Zeitablauf her ein normales Leben führen, das heißt, dass sie am Tage tätig sind und in der Nacht schlafen; Menschen, bei denen sich das umgekehrt verhält, müssen vielleicht meine Abendmeditationen am Morgen lesen, wenn sie von der Arbeit heimkehren, und meine Morgenmeditationen am Abend.

Der Morgen eignet sich naturgemäß dazu, sich auf den Tag vorzubereiten und einzustimmen, und je höher man mit dieser Einstimmung ansetzt, desto größer wird die Kraft und die Motivation, die in der Meditation für den Tag mobilisiert wird. Der Abend eignet sich naturgemäß dazu, einen Blick zurück zu werfen auf das, was am Tag geschehen ist, um sich Klarheit zu verschaffen, um Themen, die uns keine Ruhe lassen, tiefer zu betrachten, so dass wir sie loslassen können, um auf diese Weise psychisch-geistige Hygiene zu betreiben, die mindestens ebenso wichtig ist wie das Zähneputzen. Vor allem aber habe ich den Abend als Gelegenheit betrachtet, das zu tun, was einem im Allgemeinen am Tage nicht möglich war, nämlich ganz zu sich selbst heimzukehren, sich von Masken, Zwängen und Pflichten zu befreien, man selber zu sein, das zu tun, was seinem Herzen Freude macht, und auf diese Weise einen wahren »Feierabend« zu verbringen.

Wenn wir auf die in unserer Zeit und Kultur übliche Art leben, versäumen wir die Gelegenheit, zu erfahren, was Muße, was das reine Sein bedeutet; spätestens im Alter von drei Jahren machen wir damit ein für alle Mal Schluss. Wir liefern uns restlos den Anforderungen und den Reizen der Außenwelt aus, indem wir von der Arbeit zum Fernseh- oder sonstigen Unterhaltungs-, Ablenkungs- oder Aktivitätsprogramm übergehen. Wir lassen keine Freiräume mehr übrig. Selbst wenn wir Freiräume haben könnten – beispielsweise bei einer U-Bahn-Fahrt –, beschäftigen wir uns irgendwie, wir studieren die Zeitung, lesen ein Buch oder denken an unsere Arbeit. Das Einfach-nur-da-Sein haben wir verlernt.

Was einem bei dieser Lebensweise entgeht, ist so gewaltig, dass man keine Vorstellung davon hat, wenn man es nie anders versucht hat.

Statt aus der Tiefe unseres Wesens, die eine unendliche Quelle von Energie, Inspiration, Erneuerung, frischen Ideen und frischer Motivation und neuen Fähigkeiten und Qualitäten ist, zu schöpfen, bewegen wir uns an der Peripherie unseres Wesens, stets in einem oberflächlichen Kontakt mit der Außenwelt, auf die wir ständig reagieren, anstatt aus unserer Mitte heraus zu agieren. Welten, die in unserem Innern schlummern, bleiben unerforscht, es sei denn, wir gestatten im Zuge unserer Tages- und Abendaktivitäten unserer Kreativität freien Lauf, indem wir aus unserem Innern Worte, Klänge, Gestalten oder Bilder auftauchen lassen, die wir in mehr oder weniger künstlerischer Weise ausdrücken – schreibend, malend, musizierend, gestaltend oder tanzend.

Der Schlaf, in dem wir uns regenerieren können und neue Kraft und Inspiration aus der Tiefe tanken könnten, ist dann im Normalfall mit Eindrücken überfrachtet, die verarbeitet werden müssen, weil wir auch am Feierabend nicht aufhören, unseren Geist zu füllen – mit Gesprächen, Informationen, Filmen, Bildern, Spielen, Aktivitäten.

Die vorliegenden Texte sollen Sie dazu inspirieren, hin und wieder am Abend eine schöpferische Pause einzulegen; einen Augenblick der Stille, der Rückschau, der einfachen Muße zu genießen; den Abend zu feiern, anstatt einen öden »Feierabend« vor dem Fernseher zu verbringen oder sonst einer Gewohnheit zu frönen; die Energie des Abends zu nutzen, um bestimmte Themen einmal tiefer zu betrachten, die in Ihrem Leben eine wichtige Rolle spielen und die sich gut am Abend betrachten lassen.

Für das Eintauchen in die eigentliche Meditation – nicht die Kontemplation von Themen, sondern die meditative Versenkung in die Tiefe des eigenen Wesens – habe ich zwei Zeitpunkte vorzuschlagen: zum einen die Abenddämmerung, die sich als magischer Moment erweist, der das Tor zu den inneren Welten öffnen kann, wenn man ihn nutzt; zum anderen die Nacht. Wenn rundum alles schläft – mit Ausnahme einiger Nachteulen –, ist es leichter, die Gedanken zum Schweigen zu bringen und Ebenen des eigenen Wesens hervortreten zu lassen, die durch die Geistesaktivitäten des Tages für gewöhnlich zurückgedrängt werden, so wie die Sterne am Tag von der Sonne überstrahlt werden.

Wenn Sie es nie mit der abendlichen Meditation probiert haben, empfehle ich Ihnen, einen kleinen Anfang zu machen. Richten Sie sich zwischen Ihrer Arbeit und Ihren Freizeitaktivitäten – oder zwischen diesen und dem Augenblick, in dem Sie zu Bett gehen – eine Pufferzone ein; sitzen Sie fünf oder zehn Minuten lang still, schließen Sie die Augen und kommen Sie zu sich. Lassen Sie sich dabei einfach von einem der Texte dieses Bandes inspirieren, der Sie im betreffenden Moment besonders anspricht.

Selbst wenn Sie nur fünf Minuten dafür opfern und in diesen fünf Minuten nichts weiter tun als still zu sitzen – wenn Sie nicht die

Geduld haben und nicht die Zeit opfern wollen, um den Betrachtungen nachzugehen, zu denen die Texte dieses Buches Sie anregen möchten –, selbst dann werden Sie feststellen, dass diese kurze Zeit der Meditation, täglich praktiziert, vielfältige segensreiche Wirkungen hat.

Vielleicht werden Sie süchtig danach; es ist möglicherweise die einzige Sucht, die keine schädlichen Nebenwirkungen erzeugt, dafür aber jede Menge positiver Effekte. Ich verzichte hier darauf, diese aufzuzählen; darüber ist in Sachbüchern genügend Information zu finden, und auch die Texte des vorliegenden Buches sprechen davon.

Mögen diese Texte Sie inspirieren; Sie anregen, den Reichtum der inneren Welten kennen zu lernen; Ihnen nützen, wenn Sie unter Erschöpfung, Stress oder Entmutigung leiden; Saiten in Ihnen zum Klingen bringen, die im alltäglichen Leben verstummt sind, und Ihre Abende bereichern.

Safi Nidiaye

Eine kurze Einführung in die Kontemplation

Heute unterscheidet man im allgemeinen Sprachgebrauch nicht zwischen Meditation und Kontemplation; beides, und noch einiges mehr, wird unter dem Oberbegriff »Meditation« zusammengefasst.

Die meisten der vorliegenden Texte regen zu dem an, was man »Kontemplation« nennt. Darunter versteht man eine meditative Betrachtung.

Wenn wir uns im normalen, nicht-meditativen Bewusstseinszustand vornehmen, ein Thema zu betrachten, denken wir über dieses nach. Wenn wir ein Thema auf meditative Weise betrachten – also »kontemplieren« –, denken wir nicht darüber nach, sondern schauen einfach hin. Wir nehmen uns das Thema – beispielsweise »Vertrauen« – vor und lehnen uns im Geist zurück, um zu betrachten, was geschieht. Wenn »Vertrauen« ein Thema ist, das uns zum gegebenen Zeitpunkt tatsächlich interessiert oder beschäftigt, werden nun Gedanken und Bilder in unserem Bewusstsein auftauchen. Wir bleiben in unserem geistigen Sessel zurückgelehnt und betrachten diese Gedanken. Anstatt sie zu denken, beobachten wir sie; anstatt denkend das Thema zu betrachten, betrachten wir die Gedanken, die zu dem Thema auftauchen. »Aha, so denke ich also darüber.« Dabei bleiben wir neutraler Beobachter und identifizieren uns nicht mit den Gedanken. Zu den Gedanken gehören Gefühle; diese betrachten wir ebenfalls, ohne uns mit ihnen zu identifizieren. »Aha, so fühle ich mich also mit diesen Gedanken. Und so fühlen diese Emotionen sich körperlich an.« Wenn wir auf diese Weise unsere Gedanken und Gefühle zum Kontemplationsthema betrachten, ohne uns mit ihnen zu identifizieren, und den Lichtstrahl unserer Aufmerksamkeit und die Energie unseres Interesses immer weiter auf das Thema »Vertrauen« gerichtet halten, werden nach und nach die Oberflächengedanken vorüberziehen, und wenn wir uns dann in die Stille versenken, unseren Atem spüren und weiter Interesse und Aufmerksamkeit auf das Thema gerichtet halten, geben wir unserem inneren Wissen, unserer Intuition Raum. Möglicherweise enthüllt sich uns in der stillen Betrachtung die tiefere Wahrheit über unsere Einstellung zum Vertrauen; über die Art, wie wir Vertrauen gewinnen können, wenn das nötig ist; über die wahre Natur des Vertrauens; über eine tiefere und verlässlichere Basis für unser Vertrauen – und so fort.

Wenn wir dann immer noch still sitzen bleiben, unseren Atem spüren, und Interesse und Aufmerksamkeit unbeirrt auf das Thema richten, enthüllt sich uns nach und nach die Wahrheit über dieses

Thema in einer zunächst persönlichen und später immer allgemein gültigeren Weise. Wenn wir uns auch dann noch weiter in die Betrachtung von »Vertrauen« versenken, wird allmählich nichts mehr in unserem Bewusstsein sein als Vertrauen. Wir werden das Vertrauen selber kennen lernen; wir werden es erfahren; schließlich werden wir es sein.

Das Gleiche gilt übrigens nicht nur für alle abstrakten Qualitäten wie Vertrauen, Kraft, Liebe, Schönheit und so fort, sondern auch für die Betrachtung eines Wesens oder eines Gegenstandes. Ob Sie »Schönheit« betrachten oder »Berg«, »Geld« oder wen oder was auch immer – wenn Sie erst Ihre Gedanken und Gefühle dazu betrachten, bis Ihr Geist von Gedanken und Gefühlen leer ist, dann das Thema weiter betrachten, bis die tieferen Gedanken auftauchen, und es dann immer noch weiter betrachten, werden Sie es bis auf den Grund kennen lernen, erfahren und schließlich sein.

Das liegt daran, dass unser Geist nicht von dem Geist getrennt ist, der alles Übrige beseelt; irgendwo in einer tiefen Schicht unseres Wesens sind wir eins damit und können erleben, wie es ist, ein anderes zu sein und alle Informationen über all das zu erhalten, was uns wirklich aus tiefstem Herzen interessiert und für uns von Belang ist.

Ein Thema, einen Gegenstand, ein Wesen auf sich wirken lassen, bis man eins mit ihm ist: das ist die Kunst der Kontemplation.

Nach Hause finden zu sich selbst:

Die Heimkehr

Nachdem alle Dinge getan sind … heimkehren zu sich selbst

Wie eine Mutter ihre Kinder, die draußen spielen,
nach Hause ruft,
wenn es Zeit ist, zu Tisch und zu Bett zu gehen,
so ruft uns der Abend heim,
fort von den Beschäftigungen mit den Dingen der Welt,
heim zu unseren kreatürlichen Bedürfnissen
nach Essen und Trinken,
nach Ruhe oder Bewegung,
nach Schlaf,
nach der Wärme eines anderen Körpers.
Einen Frieden gibt es,
den allein der Abend schenken kann:
den Abendfrieden. Er ist
der Friede der Heimkehr zu sich selbst,
nachdem alle Dinge getan
und alle Gedanken gedacht sind.

Den Tag abstreifen wie ein verschwitztes Hemd

Wie verloren ich war
im Getriebe des Tages,
wie selbstvergessen!
Diesen Tag möchte ich abstreifen
wie ein verschwitztes Hemd, einen unbequemen Anzug,
und in den Abend hineingleiten wie in
etwas Weiches und Seidiges,
das mich dunkel umfängt wie eine zweite Haut,
ohne mir eine fremde Form aufzudrängen.
Ich möchte mich spüren,
meine eigene Haut, meine Wärme,
meinen Herzschlag,
mich auf das besinnen, was ich bin,
statt auf das, was ich tue.

Der Atem bringt mich zu mir zurück

Wie weit war ich von mir entfernt,
diesen ganzen langen Tag,
habe auf alles geachtet, außer auf mich selbst.
Wie wunderbar, heimzukehren
zu mir selbst.
Meine Aufmerksamkeit
von den Dingen der Welt zu lösen
und nach Hause zu bringen
zu meinem Atem, meinem Körper,
meinen Bedürfnissen, meinen Gefühlen,
meinem Herzen.
Wie gut es tut, nichts weiter zu tun als zu atmen
und meinen Atem zu spüren.
Einatmend dehne ich mich wieder aus, weite
alle verengten Räume in meinem Körper.
Ausatmend, lasse ich alle Anspannung fallen.
Einatmend beginne ich mich selber zu fühlen,
ausatmend befreie ich mein Herz
mit einem tiefen Seufzer.
So bringt mich der Atem nach Hause zurück.

Sich vom Staub des Alltags reinigen

Ein Augenblick der stillen Besinnung am Abend
wirkt auf mein Gemüt wie eine Reinigungsschleuse,
in der der graue Staub des Alltags fortgewaschen wird,
so dass die Träume und Wünsche,
die Visionen und Freuden meiner Seele
wieder frisch und neu strahlen und funkeln wie am Morgen;
ein heilender Balsam
legt sich auf die Wunden,
die am Tage unsanft berührt wurden;
aller Groll, aller Trübsinn und alle Schuld
wird aus meinem Gemüt gewaschen,
so dass es in seiner ursprünglichen Unschuld erstrahlt.
Das helle Licht meiner Seele
durchstrahlt meinen Körper, mein Herz und mein Gemüt
bis in die äußersten Ecken und Winkel.
Durch die Stille gereinigt,
geheilt, geheiligt und erleuchtet
betrete ich den Feierabend wie einen Tempel
an einem hohen Festtag
und den Schlaf
wie das Paradies.

Zu sich kommen ... bei sich bleiben

Am Tag vergaß ich mich,
am Abend fand ich mich wieder;
jedoch nur für kurze Zeit,
bevor ich mich erneut vergaß.
Heute Abend
will ich mich wieder finden,
und wenn ich mich gefunden habe,
wenn ich nach all den Ablenkungen
bei mir selber angekommen bin,
will ich mich nicht mehr loslassen;
was auch immer ich an diesem Abend noch tue,
ich will ganz bewusst dabei sein,
anstatt mich darin zu verlieren.

Die Aufmerksamkeit von den Dingen der Welt lösen

Kann ich es wagen,
den Tag loszulassen, die Dinge hinter mir zu lassen,
die mir am Tage wichtig schienen,
die Menschen, die meine kleine Welt wärmen,
die Gedanken an die Angelegenheiten von morgen,
kurz, alles, woraus meine Welt besteht?
Wohin trägt mich meine Aufmerksamkeit,
wenn ich sie von der Vergangenheit und der Zukunft löse,
von allen Objekten und allen Gedanken an Objekte,
wohin trägt mich meine Aufmerksamkeit,
wenn ich sie freilasse?

Sich den Schmerzen und Anspannungen zuwenden

Wenn Schmerzen und Anspannungen dich quälen,
warum nicht am Abend wenigstens einen Augenblick
deinen Schmerzen und Anspannungen
die Wohltat deiner Aufmerksamkeit schenken?
Warum nicht jetzt gleich?
Mit einem freundlichen, warmen und aufmerksamen Atem
deinen gequälten Körper durchstreifen, durchstreicheln,
und dort, wo es schmerzt, ein wenig verweilen.
Hör gut zu, was dein Schmerz dir erzählt.
Vielleicht erzählt er dir von zuviel Anstrengung
oder zuviel Angst, von Zorn oder Sorge, Ärger oder Scham;
von zuwenig oder zuviel oder falscher
Bewegung, Nahrung oder Gesellschaft;
oder von einem alten Kummer,
einer ungeheilten seelischen Wunde.
Was erzählt dir dein Schmerz?
Der beste Heiler bist du selbst;
die beste Medizin deine Aufmerksamkeit.

Die Atemschaukel

Mein Atem ist wie eine Schaukel,
die mich sanft hin- und herbewegt.
Ich lasse mich schaukeln;
ich atme nicht;
es atmet.
Es atmet im Einklang
mit dem Atem aller Wesen,
mit dem Atem der Erde,
den Gezeiten der Meere,
mit dem Kreisen der Planeten,
der Sonnen,
der Galaxien.

Den Tag abschliessen:

Die Rückschau

Ordnung im Geist schaffen

Geschafft! Für heute
lasse ich es genug sein.
Gewiss, ich hätte noch mehr tun können
oder einiges von dem, was ich tat,
noch besser.
Bevor ich die Tür des Arbeitstages
hinter mir schließe,
schaue ich zurück, schaffe Ordnung
in meinem Geist.
Ich würdige, was ich zu Ende gebracht und abgeschlossen habe,
und fülle auf diese Weise mein Herz
mit Zufriedenheit.
Ich betrachte, was ich angefangen habe,
stelle mir vor, wohin es führen soll,
und fülle mein Herz mit Entschlossenheit
und Zuversicht.
Wenn ich unzufrieden bin,
öffne ich mein Herz meiner Unzufriedenheit,
wenn ich stolz bin, meinem Stolz.
Auf diese Weise betrachte ich, was hinter mir liegt,
was vor mir liegt

und was in mir vorgeht,
so dass ich, wenn ich die Tür hinter mir schließe,
sicher sein kann, dass die Angelegenheiten
des vergangenen Tages
in die Vergangenheit entschwinden
und die des kommenden
in die Zukunft
und ich frei bin
für die Gegenwart.

Was hast du heute vollbracht?

Bald endet dieser Tag,
es fängt schon an, dunkel zu werden,
und ich habe noch nichts wirklich Wertvolles geschafft,
außer vor mich hin zu existieren.
Ob das reicht?
Einfach nur zu existieren?
Sollte ich nicht an jedem Tag
irgendetwas tun, das Wert und Bestand hat,
das irgendwie nützlich
oder für irgendwen wichtig ist?
So wie dieser Tag,

könnte auch mein Leben bald enden,
und so wie an diesem hereinbrechenden Abend
könnte ich am Abend meines Lebens
in Panik geraten,
weil ich viel zuviel Zeit damit verbracht habe,
einfach nur zu existieren,
viel zuviel Zeit verschleudert,
um mich um die zur Existenz notwendigen
Dinge und die eingebildeten Notwendigkeiten zu kümmern,
anstatt das zu tun,
was mir wichtig ist!
Nur eine Stunde wirklich da zu sein,
erscheint mir wichtiger,
als viele Stunden mit Notwendigkeiten
und vermeintlichen Notwendigkeiten
besinnungslos zuzubringen.

Den Kreis der negativen Gefühle durchbrechen

Ich bedaure,
heute nicht getan zu haben, was ich tun wollte.
Ich bereue,
die Luft um mich herum mit meinem Ärger,
meiner Unzufriedenheit,
meinem schwelenden Zorn,
mit all diesen Gefühlen vergiftet zu haben,
anstatt sie zu fühlen.
Ich klage mich an,
stets in dieselben Fallen zu tappen,
und mich im Kreis,
statt vorwärts zu bewegen.
Heute Abend
will ich sehen, wie ich dem Kreis
entrinnen kann.
Anstatt resignierend die Achseln zu zucken
und zum Abendprogramm überzugehen,
wie ich es immer tue,
will ich innehalten und schauen.
Ich schaue meine anklagenden Gedanken an,
meinen Zorn auf mich selbst,
meine Verzweiflung darüber,
wieder im Kreis gegangen zu sein,

meine Ohnmacht, meine Enttäuschung,
meine Bitterkeit.
Ich sehe, wie ich in all diesen Gefühlen
meine Hoffnung ertränke,
jemals voranzukommen,
und wie der Schmerz über meine Unzulänglichkeit
sich auf meine Sehnsucht legt
wie ein Grabstein.
Heute Abend will ich mein Herz öffnen
und Hoffnung und Sehnsucht,
meinen verlorenen Töchtern,
wieder Einlass gewähren.
Kerzen will ich anzünden
zum Fest ihrer Heimkehr,
zum Fest meiner eigenen Heimkehr
in das warme Haus meines Herzens.

Sein Gewissen prüfen, um innere Klarheit zu erlangen

Prüfe jede Handlung,
die du heute begangen hast, jede kleine und jede große;
untersuche sie auf ihre Motive hin.
Zu allem, was du heute getan oder gesagt hast,
frage dich:
Was habe ich damit bezweckt?
Worum ging es mir dabei wirklich?
Welches verborgene Motiv steckte hinter meiner Handlung,
meinen Worten?
Prüfe nicht, um zu urteilen;
prüfe, um zu verstehen.
Prüfe, ob du nicht auf einem geraden Wege
an dein Ziel gelangt wärst,
wärest du dir gleich über deine Beweggründe
im Klaren gewesen
und nicht erst im Nachhinein.
Öffne dein Herz für die Ängste und die Wünsche,
die dich zu diesem oder jenem Handeln bewogen haben.
Auf diese Weise reinigst du dein Gemüt
und schaffst Klarheit.

Sich erinnern, dass wir sterblich sind

Den ganzen Tag habe ich mit dir verbracht,
doch nur in einem einzigen Augenblick
war ich dir nah.
Ein Augenblick der Angst,
ich könnte dich verlieren,
du könntest sterben.
Wie groß erschien mir die Liebe
in jenem Augenblick,
wie kostbar deine Nähe!
Wie achtlos, wie selbstverständlich
wir einander hinnehmen,
wenn wir vergessen,
dass wir sterblich sind.

Den Strom der Gefühle ins Herz einladen

Kaskaden von Gefühlen
brechen über mein Bewusstsein herein,
wenn ich mich am Abend
in mich versenke.
Alles, was am Tage ungefühlt geblieben ist,
meldet sich zur Beachtung an.
Lauter als alle anderen Gefühle
ruft die Müdigkeit nach mir.
»Lass es sein«, sagt sie. »Lass es gut sein.«
Höre ich auf sie,
so schenke ich den anderen Gefühlen
keine Beachtung,
und sie ziehen sich schmollend
ins Unterbewusstsein zurück,
um mich nachts oder am nächsten Morgen
umso lauter zu quälen.
Fühle ich jedoch meine Müdigkeit bewusst,
anstatt ihr zu folgen,
und bette sie an den warmen Busen meines Herzens,
wo sie sein darf und in meinem Gewahrsein geborgen ist,
so kann ich auch den anderen Gefühlen Gehör schenken.

Ist der Strom der Gefühle,
die der Tag in mir ausgelöst hat,

an meinem Bewusstsein vorbeigezogen,
so entspanne ich mich mit einem wohligen Seufzer
und kehre heim in die Gegenwart.

Den Tag rekapitulieren

Der Tag zieht vor meinem inneren Auge vorbei
wie ein Film.
Hier und da halte ich inne und betrachte ein Bild
etwas länger;
hier und da wiederholt sich dieselbe Szene
einige Male,
bevor der Film weiterläuft.
Hier und da beobachte ich, wie ich versuche,
Abschnitte herauszuschneiden,
in die Länge zu ziehen oder zu verändern.
Ich schaue den Tag im Rückblick an
und zugleich
die Art, wie ich ihn anschaue.
Verliere ich mich darin,
so kann ich mich in endlosen Wiederholungen ergehen,
in fruchtlosen Versuchen,

das Geschehene zu ändern,
zu verbessern, zu verschönern
oder zu löschen.
Bleibe ich jedoch Betrachter,
ohne mich zu verlieren,
so ist es höchst lehrreich und unterhaltsam
zu beobachten,
wie diese Person, die ich bin,
sich im Leben verhält
und wie sie ihr Verhalten und die Ereignisse kommentiert.
Habe ich alles betrachtet,
die Tagesschau und den Kommentar,
schalte ich den Film ab und widme mich
der Gegenwart.

Jeder Augenblick zählt

Heute habe ich nichts Bedeutsames vollbracht,
bei Licht besehen
überhaupt nichts, das irgendwie von Wert wäre.
Aber ich habe gelebt
und manchen Augenblick bewusst ausgekostet.
Was ist wertvoller als dies?
Zu wissen, dass man lebt
und dass der Augenblick zählt
und dass es zählt,
seine Füße über nassen Asphalt
oder weißen Sand spazieren zu sehen.

Den Tag abschließen – den Geist leeren

Beachte die Wendepunkte
zwischen Nacht und Tag, Tag und Nacht.
Hier ist Gelegenheit, dein Schicksal zu wenden.
Am Morgen stellst du die Weichen für den Tag;
am Abend für die Nacht.
Die Nacht ist schöpferisch;
der Tag führt aus, was die Nacht erschaffen hat.
Schließt du den Tag sorgfältig ab,
bevor die Nachtruhe beginnt,
so kann im Schlaf
eine neue Welt entstehen.
Überschüttest du deinen Geist am Abend
mit neuen Eindrücken,
Ablenkungen, Zerstreuungen,
ohne den Tag zuvor bewusst abgeschlossen zu haben,
so muss er in der Nacht
den vergangenen Tag verarbeiten,
anstatt einen neuen zu erschaffen.
Eine halbe Stunde Besinnung am Abend
befreit deinen Geist von der Vergangenheit
und macht ihn leer für das Neue.

Auf die nie bemerkten Gedanken achten

Wie wilder Wein,
der sich um ein Fenster rankt,
ranken sich um mein Bewusstsein
vertraute, aber seltsame und nie bemerkte Gedanken,
Ideen, Bilder, Wünsche und Möglichkeiten,
unbeachtete Reste von Träumen vieler Nächte.
Heute will ich eine oder zwei von ihnen
zu mir heranziehen und anschauen.
Auf der Schaukel meines Atems
lehne ich mich zurück,
losgelöst und entspannt betrachte ich
meine Gedanken,
wie ich spielenden Kindern zuschaue.
Den vertrauten Gedanken,
den Gedanken an meine alltäglichen Sorgen und Belange,
schenke ich keine besondere Aufmerksamkeit;
den fremdartigen, nicht wichtig erscheinenden,
nicht vernünftigen, in keinen Zusammenhang passenden
Gedanken will ich heute Beachtung schenken.
Sie sind es, die mir neue, unbekannte,
nie ausprobierte Möglichkeiten, frischen Wind ins Gemüt bringen.

Bilanz ziehen

Ziehst du am Abend die Bilanz des Tages,
so schaue nicht so sehr auf die Frage,
ob du alles getan hast,
was du tun solltest,
ob du es richtig getan hast
oder erfolgreich;
ob du glücklich warst oder unglücklich;
wer oder was dich geärgert oder erfreut
oder was dir gefallen hat und was nicht; sondern
frage dich,
ob du jeden Augenblick deines Lebens
an diesem Tag
gelebt hast.

Sich selbst
und das Leben annehmen

Bemühe dich nicht, dich zu verändern,
strenge dich nicht an,
anders zu sein, als du bist.
Nimm dich wahr und an, wie du bist;
erlebe, was immer du gerade erlebst, bewusst;
fülle dein Leben so, wie es ist,
mit deiner Anwesenheit, deiner Bewusstheit aus –
so wie es ist, lebe es,
bevor es vorbei ist.
Wenn du zurückschaust am Abend deines Lebens,
so ist das bitterste, das traurigste,
die Erkenntnis,
die ganze Zeit nicht gelebt zu haben,
weil du das Leben so, wie es war,
abgelehnt hast.
»Könnte ich noch einmal anfangen«,
würdest du sagen,
»so würde ich in vollen Zügen leben,
so würde ich jeden Augenblick Leben
als Geschenk nehmen,
jeden Augenblick so wie er ist.
Anstatt es abzulehnen,
würde ich es nehmen, mit beiden Händen greifen,

anstatt mich selber abzulehnen
und zu bekämpfen,
und ständig zu verändern zu versuchen,
würde ich die Gelegenheit feiern,
dieses einzigartige Ich zu sein,
in jedem Augenblick,
jedem kostbaren Augenblick.«

Das »Ja« hinter dem »Nein« finden

Wann hörst du auf,
gegen dich selbst und das Leben zu kämpfen?
Dich sinnlos anzustrengen?
Dich zu beschuldigen, zu kritisieren,
zurechtzuweisen?
Wann streckst du die Waffen?
Solange du denkst, du müsstest etwas bekämpfen,
du müsstest dich anstrengen,
du müsstest dich oder dein Leben verändern,
trittst du auf der Stelle, kommst nicht voran,
verschwendest deine Kraft und deine kostbare Lebenszeit.
Nur bejahend erfüllst du dein Leben,
nicht verneinend.
Wie kannst du bejahen, was du verneinst?
Indem du dein Herz öffnest
für deine Unzufriedenheit, deinen Unmut, deine Sehnsucht.
Hinter jedem »Nein« steckt verborgen ein »Ja«;
du findest es, indem du dem »Nein« dein Herz öffnest
und die Sehnsucht befreist,
die unter ihm begraben lag.

Verstehen, was in der Welt geschieht

Die Welt, die du im Fernseher siehst,
wenn du die Nachrichten verfolgst,
ist nicht die Welt.
Es ist eine Interpretation einer Interpretation einer Interpretation
der Welt.
Glaube nichts von dem, was du siehst.
Was wirklich geschieht,
kannst du nicht sehen oder hören,
nur erleben.
Der Mensch, der vor den Augen der Kamera hungert,
leidet, weint, stirbt oder Steine wirft,
musst du sein,
um zu verstehen, was geschieht.
Zumindest musst du dein Herz für ihn öffnen
und fühlen, was er fühlt,
anstatt dich in Angst und Mitleid zu verschließen.

Ein Sessel-Ich in sich gründen

In meinem Sessel
lehne ich mich zurück
und lasse den Tag
an meinem Geist vorüberziehen.
Wie leicht es ist,
klar zu sehen,
wenn man sich entspannt im Sessel zurücklehnt
und zuschaut.
Wie schwer es war,
mitten im Getriebe des Alltags,
verwickelt, verstrickt und angespannt.
Kann nicht ein Teil von mir
stets entspannt sich zurücklehnen
und das Geschehen aus der Ferne verfolgen,
interessiert, doch unbeteiligt,
mit gelassener Heiterkeit?
Heute Abend, in meinem Sessel,
werde ich solch einen Teil in mir gründen.
Ich werde ihm in meinem Innern einen Sessel
erschaffen,
einen gemütlichen, soliden Sessel,
in dem er sich niederlassen kann.
Dieser Teil von mir darf die Füße hochlegen
und sich entspannt zurücklehnen,

während der Rest meiner selbst sich anstrengt und kämpft,
sich verwickelt und verstrickt
und vor lauter Bäumen den Wald nicht sieht.
Und immer, wenn es schwierig ist,
will ich mich an mein Sessel-Ich erinnern
und für einen Augenblick in seine Perspektive schlüpfen.

Die Grenze zwischen Feierabend-Ich und Tages-Ich entfernen

Es gibt ein Feierabend-Ich,
das sich so gründlich vom Tag-Ich unterscheidet,
dass es mich manchmal erschreckt.
Heute möchte ich sehen,
ob ich nicht die Barriere zwischen Abend-Ich
und Tages-Ich niederreißen kann.
Gewandet in mein allerschönstes Feierabend-Ich,
mich frei und wohl und ganz mich selber fühlend,
fantasiere ich mich in meinen Arbeitstag hinein.
Wie wäre es, wenn ich dort
so frei, so locker, so entspannt, so sehr ich wäre
wie hier, im Königreich des Feierabends?
Was hindert mich, es zu sein?

Wovor fürchte ich mich?
Es sind Ängste im Spiel, große Ängste,
und ich erbarme mich ihrer,
indem ich sie fühle und ihnen mit Verständnis
und Achtung begegne.
Vielleicht kann ich morgen,
wenn schon nicht in meinem freien, entspannten
Feierabend-Ich,
so doch wenigstens im Bewusstsein meiner Angst
den Tag antreten
und auf diese Weise meinem wahren Ich
ein wenig näher kommen.
Vielleicht gelingt es mir,
im Innern mein Feierabend-Ich zu sein,
während ich im Kostüm meiner Tagesperson umhergehe.

Ausatmen, seufzen, sich lösen

Ah, ausatmen!
Auf Wiedersehen, Anstrengungen und Anspannungen!
Für heute
habe ich genug von euch.
Gerne werfe ich einen Blick zurück
und würdige euch, würdige meine Bemühungen,
meinen Einsatz, meine Ängste und Sorgen,
meinen bangen Versuch,
alles so hinzubekommen,
dass nichts Schlimmeres passiert
als die kleinen alltäglichen Fehler und Irrtümer.
Dann aber lasse ich euch nur zu gerne gehen.
Auf Wiedersehen, Beschäftigungen!
Es war schön, mich euch hingegeben zu haben.
Auf Wiedersehen, eifrige, emsige, planende, schaffende Gedanken!
Es war schön, von euch eingenommen worden zu sein,
euch ernst genommen zu haben, als seiet ihr Wirklichkeit.
Auf Wiedersehen, Sorgen!
Morgen dürft ihr mich wieder beehren,
für heute
nehme ich mir frei von euch.

Nach den Pflichten des Tages die Kür:

Feierabend –
Den Abend feiern

Nach den Pflichten des Tages – die Kür

Feierabend!
Lasst uns den Abend feiern.
Nach den Pflichten des Tages
die Kür:
zu tun, wozu ich Lust habe
und was mir Freude macht.
Nach Hause kommen zu mir selbst,
zu meinem Herzen,
meiner Seele,
meinem Körper,
meinem Atem.
Bevor ich neuen Verlockungen,
neuen Beschäftigungen,
neuen Begegnungen die Tür öffne,
verweile ich für einen Augenblick oder für viele
mit mir.

Den Abend genießen

Ich habe den Tag konsumiert, wie man ein Gericht verzehrt,
und nun genieße ich den Abend
wie ein Dessert.

Morgenstund' mag Gold im Munde haben;
das Privileg der Abendstunde aber
ist das Vergnügen,
das zu genießen,
was man mit diesem Gold erworben hat.

Heimkehren in das heilige Reich des Feierabends

Der Feierabend
ist mein Königreich.
Hier bin ich der Herr und die Herrscherin.
Niemand anderes soll über dieses Reich bestimmen denn ich;
kein fremdes Programm,
keine vermeintliche Notwendigkeit,
keine Angst, dieses oder jenes zu versäumen.
Selbst meine allerliebsten Lieben
müssen zunächst zurücktreten;
bevor ich mich dem widme, was sie von mir wünschen,
will ich Zeit mit mir selbst verbringen
und das königliche Vergnügen genießen,
Herr oder Herrin über meine Zeit und mein Leben zu sein.
Was behagt denn meiner königlichen Hoheit heute Abend?

Still, lasst mich erst meinen eigenen Herzschlag fühlen,
gebt mir eine Chance, zur Besinnung zu kommen,
zu mir heimzukehren,
in das heilige Reich meines Feierabends.

Frage dein Herz, wie du den Abend verbringen willst

Was stört deinen Frieden am Abend?
Die Sorge um den morgigen Tag?
Die Unzufriedenheit mit dem vergangenen?
Die Unrast? Die Gier?
Die Angst, etwas zu versäumen?
Das Gefühl, noch nicht genügend getan zu haben?
Nimm dir einen Augenblick Zeit,
um deine Sorge, deine Unzufriedenheit,
deine Unrast, deine Gier, deine Angst
zu fühlen,
anstatt nur von ihnen getrieben zu sein.
Auf diese Weise wendest du dich deinem Herzen
zu,und seine leise Stimme wird hörbar in dir.
Lass dein Herz entscheiden,
wie du diesen Abend verbringen willst,
nicht deine Unrast, deine Gier oder deine Angst.

Der Muße frönen

Nichtstun! Heilige Muße!
Wie haben wir verlernt,
dir zu frönen.
Raum zu geben dem reinen Dasein,
dem, was geschieht,
wenn wir nichts dazu tun;
uns zu leeren, zu öffnen,
stille zu sein.

Ein Fest feiern zur Freude der Seele

Heute Abend
will ich ohne Anlass feiern,
mit oder ohne Gast.
Ich will lüften und aufräumen,
ein Festmahl kochen, Kerzen anzünden,
Blumen oder Kristalle, bunte Steine,
Glasperlen, Muscheln oder was auch immer mein Auge erfreut,
ausbreiten,
will Symbole aufstellen für das, was mir heilig ist
oder mir Freude macht,
ein festliches Gewand anziehen,
und dann will ich Musik spielen oder singen,
oder ein Bild malen,
essen und trinken,
spielen oder träumen oder etwas erfinden,
baden und mich mit duftenden Ölen verwöhnen
oder die Sterne einladen, mit mir zu tanzen.
Heute will ich meine Seele verwöhnen
und ihr ein Fest bieten,
an dem sie Freude hat,
und meine Gäste sind Himmel und Erde,
Mond und Sterne,
Luft und Wasser, Feuer und Wind,
und alle, die ich liebe.

Ich will alles vorbereiten für das Fest,
alles bereitstellen,
was dienen könnte,
und wenn meine Seele den Saal betritt,
so will ich ihr freudiger Diener sein,
bereit, ihrem leisesten Wink zu folgen.

Zurückfinden zur Größe seines wahren Wesens

Hast du dein Tageskleid abgestreift
und die Bürde deiner Beschäftigungen,
Pflichten und Sorgen,
so bist du bereit und frei.
Frei, zur Größe deines wahren Wesens
zurückzufinden,
das weit über deine Person, deine Rolle
und das dir bewusste Ich hinausreicht;
frei und bereit, den Glanz deines höheren Selbst
auf dein Bewusstsein leuchten zu lassen,
frei und bereit,
dich den Inspirationen zu öffnen,
die gleich Sternschnuppen von deinem inneren Himmel fallen,
frei und bereit,

dich aufzuschwingen zu den Gipfeln deines Wesens,
indem du dich deiner höchsten Motive erinnerst,
deiner heiligsten Wünsche, deiner größten Sehnsucht,
deiner schönsten Ideale,
und darüber hinaus zu den Sternen,
den leuchtenden Wesen,
die deine Seele inspirieren.
Bete! Das Gebet hilft dir,
die Enge deines alltäglichen Bewusstseins abzustreifen
und dich zu erheben.

Ein Abendgebet

Befreie mein Bewusstsein
aus dem engen Kokon meiner Alltäglichkeit,
hilf mir, meine Flügel auszubreiten
und meinem wahren Wesen,
das du erschaffen hast,
Raum und Ehre zu verschaffen.
Dir zur Ehre, dir zur Freude
will ich es wagen,
mehr von mir selbst zu leben,
als ich es heute wagte;

und wenn nicht draußen in der Welt,
so doch hier,
in meinem eigenen Zimmer,
meinem eigenen Bewusstsein,
meinem heiligen Raum,
den ich mit niemandem teile als mit dir.

Sich mit dem höheren Selbst verbinden

Es gibt einen Teil deines Wesens,
der erhaben ist über Form, Raum und Zeit,
der keiner Begrenzung unterliegt,
verbunden mit allem, was ist,
mit der unendlichen Fülle des Seins
und des Nicht-Seins.
Dieses Selbst ist ebenso du selbst
wie dein Alltags-Ich,
ebenso wie deine Persönlichkeit,
ebenso wie jeder andere Teil von dir.
Einmal an jedem Tag,
wenn schon nicht öfter,
wenn schon nicht dauernd,
einmal am Tag

gib deinem höheren Selbst in deinem bewussten Leben Raum,
halte für möglich, dass es existiert,
spüre, träume, fantasiere, imaginiere
dich in es hinein,
lerne es kennen,
schenke ihm Gehör,
sei für es da.
Hast du es am Morgen versäumt,
so tue es am Abend –
still sitzend oder still spazieren gehend,
schreibend oder malend, betend oder singend,
liegend oder träumend,
auf die Art, die deine eigene ist
und zu der du dich inspiriert fühlst.

Die Poesie der Geselligkeit

Gemeinsam den Abend feiern,
lachend, trinkend, Gespräche führend,
belanglose oder bedeutende,
gemeinsam Feuer machen, Lieder singen,
tanzen, Spiele spielen,
miteinander essen…
Sich vergessen im Lachen,
in der Wärme der Geselligkeit,
in den Gesprächen,
im Rausch des Miteinander-Trinkens
oder Tanzens…
Geselligkeit hat ihre Poesie, ihren Zauber
wie auch die Einsamkeit.

Das Tor zwischen den Welten öffnen:

Meditationen zur magischen Stunde

In das Zauberreich der Abenddämmerung eintreten

Wenn die Sonne untergeht,
senkt sich eine Traurigkeit auf mich herab
und ein unbestimmtes Heimweh.
Meist gehe ich wie jeder andere
über diesen Augenblick hinweg,
um wieder aufzuleben, wenn die Lichter angehen
und die Straßen sich mit Abendstimmung beleben.
Halte ich jedoch zur Stunde der Abenddämmerung inne,
so wird dies eine magische Stunde,
ein Tor, das sich zwischen den Zeiten öffnet
und Einblick in eine andere Welt gewährt.
Eine Zauberwelt eröffnet sich mir,
eine Welt der Unendlichkeit,
die jenseits unserer endlichen Welt verborgen liegt;
eine Welt der Größe, des Glanzes,
eine Welt erhabener Schönheit,
majestätisch und von einem Frieden erfüllt,
der jenseits von Sprache liegt, jenseits von Gedanken,
jenseits von Zeit.

Abendlieder singen

Oh die Abendlieder der Kindheit,
wie bringen sie Frieden und Heil in mein Gemüt
und zugleich die unsinnige Sehnsucht
nach einer vergangenen Zeit.
Ich will mein Herz
mit dem Frieden und dem Heil
der alten Abendlieder füllen,
ohne diesem trügerischen Heimweh zu verfallen.
So singe ich mein Abendlied wieder und wieder,
singe mich durch Heimweh und Erinnerung und Trauer hindurch,
bis es rein gewaschen von vergangenen Erlebnissen
mein Herz in seiner klaren und reinen Schönheit
mit seiner Botschaft von Heil und Frieden erfüllt.

Bei Sonnenuntergang heimfinden ins Reich der Seele

Ach, Heimweh!
Du ziehst und zerrst an meinem Herzen,
bis es schmerzt,
wenn die Sonne blutrot oder flammend orange
am Horizont versinkt.
Der versunkene Kontinent meiner Seele,
das geheime Zauberreich
tief auf dem Grunde meiner Sehnsucht
ruft nach mir.
Ich weiß, es klingt verrückt,
aber die untergehende Sonne weist mir den Weg.
Ihre letzten Strahlen begierig und sehnsüchtig aufsaugend,
schließe ich die Augen
und folge ihr.

Die Stille eines Baums berühren

Als ich in der Abenddämmerung
spazieren ging,
begegnete ich einem Baum.
Ich spürte seine stumme Gegenwart im Vorbeigehen;
sie hielt mich fest
für eine lange Weile,
eine lange Weile des Schweigens,
in der die stille, doch mächtige Gegenwart
des alten Baumes mich ergriff.
Ich danke dir, Baum.
Ich danke dir
für deine Berührung,
sie hat mich wieder in die Wirklichkeit gebracht.
Dein wortloser Gruß
hat mir Stille geschenkt.
Noch immer fühle ich den Widerhall
dieser Stille, dieses Friedens
in mir.

Wir sind nur für kurze Zeit hier

Am Tage dachte ich,
ich sei hier zu Hause,
in dieser Welt,
ganz selbstverständlich und für immer,
und weil ich dies dachte, ohne es zu merken,
richtete ich mich in dieser Welt ein,
als sei es für immer.
Doch als die Sonne unterging,
erwachte ich aus diesem Tagtraum
und ich erinnerte mich.
Ich bin als Gast hier,
auf dieser Erde,
in diesem Körper,
in dieser Zeit,
und wie lange dieser Besuch auch immer währen mag,
es ist nur für kurze Zeit.

Lauschen!

Wenn meine Gedanken auf Zehenspitzen gehen,
beginne ich zu hören:
die Geräusche der Welt,
die vielen Stimmen der Natur um mich her;
das Rauschen der Blätter im Wind,
das leise Piepen einiger verspäteter Vögel
in der Abenddämmerung; und
wenn ich ganz still werde,
noch stiller und noch stiller,
dann kann ich den lautlosen Laut des Lebens hören.

In den magischen Moment eintauchen

Einen Augenblick gibt es am Abend,
an dem die Zeit still steht.
Es ist leicht, diesen Augenblick zu bemerken,
denn er ruft dich.
Achte einmal darauf, heute Abend
oder, wenn es für heute schon zu spät ist,
an einem anderen Abend:
achte auf den Impuls, innezuhalten

und still zu sein.
Wenn du zu sehr darauf achtest –
darauf lauerst –
entgeht dir der magische Moment.
Wenn du zu beschäftigt bist,
um ihn zu bemerken,
entgeht er dir auch.
Es ist ein leichter, feiner Impuls,
ähnlich einer plötzlich aufkeimenden Sehnsucht.
Vielleicht bemerkst du ihn.
Halt inne, sei still,
erwarte nichts,
aber sei für alles bereit.
Du wirst nichts Besonderes erleben
während dieses besonderen Augenblicks;
aber wenn du daraus wieder auftauchst,
wirst du dich fühlen,
als wärst du lange fort gewesen,
als kehrtest du zurück
aus einem seltsamen Zauberreich.

Ein Sonnengebet

Oh komm
noch ein letztes Mal hervor
hinter den Wolken,
bevor du endgültig aus unserer Sicht verschwindest!
Noch ein Mal
lass mich deine goldenen Strahlen
auf meinem Gesicht, meinen Augen spüren.
Nur an seltenen und besonderen Abenden wie diesem,
an denen mein Gemüt frei ist
vom Lärm der Gedanken
und mein Auge offen für die Größe,
die Bedeutsamkeit, die Schönheit von allem,
berührt dein Licht mein Herz
und erfüllt es mit Schönheit und Glanz,
und nur an diesen Abenden
füllen sich meine Augen mit Tränen
beim Abschied von dir.
Strahlender Engel,
der unsere Welt erleuchtet,
erleuchte mein Herz.

Unzählige Herzen, eine Gegenwart

Es liegt eine Welt dort draußen,
jenseits meiner Fensterscheiben im Dunkeln verborgen,
in der andere Wesen atmen und träumen,
planen und denken und fühlen wie ich.
Es liegt eine Welt dort draußen,
jenseits der Welt meiner Bekanntschaften, meiner Einkäufe,
meiner Familie, meiner Geschäfte,
in der andere Wesen atmen wie ich,
leben wie ich, lachen und weinen und sich fürchten wie ich.
Es liegt eine Welt dort draußen,
jenseits meines Kontinents,
eine Welt, in der andere Wesen atmen wie ich,
ihren Angelegenheiten nachgehen,
leben, lachen, weinen und sich fürchten wie ich,
Wesen, die jetzt, wenn es hier Abend ist,
ihren Tag beginnen, zu Mittag essen oder schlafen.
Es liegt eine Welt dort draußen,
jenseits der Lufthülle unseres Planeten,
in der wir leben und atmen,
in der andere Wesen leben
im Licht anderer Sonnen.
Es gibt eine Welt im Innern,
die wir mit allen Wesen teilen,
wo immer sie leben,

in der Nachbarschaft oder auf einem anderen Kontinent
oder Planeten,
in unserer Zeit oder in einer anderen;
eine Welt ohne Raum und Zeit,
eine Welt der Gegenwart,
in der uns Wesen nahe sind durch gleichartige Gedanken,
Stimmungen, Gefühle,
und andere fern durch ihre Andersartigkeit.
Unzählige Herzen,
eine Gegenwart.
Unzählige Wesen,
ein Sein.

Sehnsucht nach der Heimat der Seele

Das Licht der untergehenden Sonne
ruft mich heim.
Ich weiß nicht, wo diese Heimat liegt,
und auch nicht, wann ich dort war und ob es sie wirklich gibt;
aber die Sehnsucht nach ihr ist so stark,
dass es sie geben muss,
und wenn nicht in der Vergangenheit,
so in der Zukunft,

wenn ich nach allen Abenteuern, allen Ausflügen,
allen Irrwegen nach Hause komme
und meinen Körper und meine Persönlichkeit
abstreife wie einen Mantel und ein Kleid.
Vielleicht existiert sie weder in der Vergangenheit
noch in der Zukunft,
sondern irgendwo jenseits davon,
auf dem Grunde der Gegenwart.
Vielleicht, wenn ich die Augen schließe und in mich gehe,
mich leiten lassend von meiner Sehnsucht
wie ein Blinder von seinem Führer,
finde ich sie.

Das wahre Zuhause entdecken

Oh Heimat, Zuhause meiner Seele,
ich weiß doch ohne jeden Zweifel, dass es dich gibt;
und dass ich in dir zu Hause bin.
Dass nicht nur ich, sondern alles dort an seinem richtigen Platz ist,
an dem Platz, an den es gehört,
dass sich dort alle Irrtümer,
alle Missverständnisse aufklären,
alle Knoten lösen,

weil alles im richtigen Licht gesehen,
als das, was es wirklich ist, erkannt
und ohne jeden Zweifel und jedes Urteil und jede Frage
in seiner wahren Natur angenommen wird
und in seinem wahren Verhältnis zu jedem anderen steht.
Hier ist jeder so selbstverständlich und so ganz zu Hause,
so ganz verstanden und geachtet, angenommen und geschätzt
und bis auf den Grund des Herzens geliebt,
wie es nur zu Hause – nur im wahren Zuhause – sein kann.

Im wahren Zuhause die Freiheit entdecken

Ich muss nicht weit gehen,
um das Zuhause meiner Seele zu finden;
keine fremden Tempel aufsuchen,
keine Lehrer und Meister und Priester,
nur in mich gehen, durch alle Gefühle und Gedanken hindurch
in mein Herz.
Hier ist alles, wie es wirklich ist, und alles darf sein
und die klare Luft der Wahrheit atmen.
Hier, trunken vor Erkenntnis,
vor Verstehen, beflügelt vom Sinn,

von der Schönheit,
von der unfassbaren Harmonie des Ganzen,
tanze ich meinen Tanz,
singe ich mein Lied,
bringe mich endlich dar.

Was ich nicht wagte in der Welt,
weil Ängste mich lähmten,
weil ich mich schuldig fühlte, lächerlich oder hässlich,
unwürdig oder dumm,
hier wage ich es,
denn alles Sein in mir und um mich herum ist eins,
und ich bin Teil und Ausdruck von allem
und alles von mir.

Lass mich die Welt zu meiner Heimat machen,
mich erheben über Angst und Schuld,
Kleinlichkeit und Pein,
und mein wahres Wesen bekennen
in der Gewissheit,
dass jedes Herz jedem Herzen Heimat ist
und jede Seele jede andere erkennt.

Gedanken und Bilder aus dem Hintergrund einladen

So wie der frühe Morgen es mir erleichtert,
mich in die höchsten Höhen aufzuschwingen,
so lädt mich der Abend ein,
in die Tiefen meines Wesens zu tauchen.
Schließe ich die Augen,
wenn ich noch nicht schläfrig und müde bin,
und schaue und lausche und spüre nach innen
statt nach außen,
so gleiten Bilder und Ideen an meinem inneren Auge vorbei,
die vom hellen Tageslicht überstrahlt,
am Tag meiner Aufmerksamkeit entgangen sind.
Es können Gedanken sein,
die mir helfen zu verstehen, was vorgefallen ist,
was unter der Oberfläche der Geschehnisse lag;
es können Gedanken sein,
die neue, bessere Möglichkeiten skizzieren
als jene, die ich am Tage verwirklicht habe;
jedoch treten nach dieser Art von Gedanken
Bilder und Ideen aus einem tieferen Hintergrund hervor,
nicht angeregt durch meine Tagestätigkeiten,
sondern in den dunklen Schichten
meines Unterbewusstseins erzeugt;
Botschafter aus einer Welt, die im Dunkeln liegt,

auf die niemals das Licht meiner Bewusstheit gefallen ist
und die dennoch voll Leben und Bewegung ist.
Hier wird alles gesammelt, was vom Bewusstsein
nicht verwertet wurde, und verrottet und gärt
und sich auf wundersame Weise verwandelt
zu fruchtbarstem Boden
für neue Ideen, neue Gestalten, neue Erkenntnisse,
neue Pläne, neue Möglichkeiten,
neue Eigenschaften,
neue Arten zu sein.
Einfach in der Stille verweilend,
betrachte ich die Gedankenblasen, die Bilder,
Ahnungen, Erinnerungen und Träume,
die sich aus diesem dunklen Hintergrund meines Bewusstseins
wie zufällig erheben;
ohne sie zu ergründen, zu untersuchen
oder beeinflussen zu wollen,
begrüße ich sie als flüchtige Gäste
im Licht meiner Aufmerksamkeit
und weiß, dass sie meine Sicht und mein Denken,
mein Erkennen und Verstehen befruchten
und erneuern, vertiefen und erhöhen.

Die Gestalt seiner Wünsche entwerfen

Auf den Schwingen meiner Sehnsucht
erhebe ich mich
über den Sumpf des Alltäglichen,
über die kleine Welt der bekannten Möglichkeiten,
über Vergangenheit und Zukunft,
über Gewesenes und schon Vorgeformtes
ins reine Reich des Geistes,
ins Reich der unbegrenzten Möglichkeiten,
in die stille Welt des noch Ungeborenen,
Ungeformten, Ungeträumten, Ungedachten;
die hoffnungsloseste meiner Sehnsüchte,
der unmöglichste meiner Wünsche
weisen mir den Weg.
Dort, wo ich denken kann,
was keiner zu denken wagt,
wo ich träumen kann,
was ich und ein jeder »unmöglich« nennt,
dort, wo ich mich selber sehen kann
in meiner strahlendsten Vollendung,
ausgestattet mit all den Eigenschaften,
die ich an anderen bewundere und an mir vermisse,
dort ist mein Reich.
Hier, im reinen Reich des Geistes,
entwerfe ich die Gestalt meiner Wünsche,

mir und allem zur Freude,
vollkommen und frei.
Dies ist der Samen,
den ich ins dunkle Erdreich der Nacht säe,
wenn ich mich schlafen lege
in der seligen Erfülltheit des schöpferischen Rauschs.

Den Zauber der Dämmerung entdecken

Im Halbdunkel der Wirklichkeit,
in der Abenddämmerung
verwischen sich die Grenzen zwischen Licht und Dunkelheit,
verlieren sich die Konturen,
bekommen Gesichter und Gestalten
ein anderes Gesicht, eine andere Bedeutung.
Lichtsüchtig, wie ich bin,
schreckt mich die Dämmerung,
die Stunde, da alles unklar wird
und sich wandelt,
da Licht sich vermischt mit Dunkelheit.
An manchen Abenden jedoch
berührt mich ihr Zauber, und

die Dämmerung holt mich heim in eine Welt der Stille,
wenn ein feiner Windhauch mich streift,
wenn der Himmel sich sanft verfärbt,
wenn Blätter leise rauschen.
Kurz leuchtet der Zauber der wirklichen Welt in mir auf,
um wieder zu erlöschen,
wenn die Nacht hereinbricht
und die Lichter angezündet werden.

Sein Herz öffnen für Sehnsucht, Schmerz und Hoffnung

Ach, Sehnsucht. Mit Macht brichst du über mich herein,
wenn ich mich der Abendstimmung ergebe,
anstatt sie mit Ablenkungen und Zerstreuungen
zu vertreiben.
Ich weiß, du möchtest heimkehren in mein Herz,
und ich ließe dich gerne ein,
doch den dunklen Gast, den du mitbringst,
fürchte ich.
Es ist der Schmerz der Unwiederbringlichkeit,
der das endgültige »Vorüber«
in meine Erinnerung zurückbringt.

Vor ihm verschließe ich stets die Tür
und damit auch vor dir.
Heute jedoch
habe ich Erbarmen mit euch beiden
und lasse euch ein.
Komm herein, Schmerz.
Du bist mir seit jeher vertraut,
doch ich habe dir nie ins Gesicht geschaut.
Heute sehe ich die Tränen in deinen Augen
und nehme dich endlich in die Arme.
Wie gut es tut, mit dir zu weinen.
Hinter dem Schmerz wartet die Sehnsucht;
und hinter ihr
drängt die Hoffnung herein,
strömt wie ein frischer Frühlingswind in mein Herz.

Die inneren Welten entdecken

Ach, wunderbare Welten, die im Innern warten,
Schätze, schimmernd im Halbdunkel des Bewusstseins,
nie entdeckt und nie gehoben,
außer bisweilen im Traum!
Euch zu entdecken, muss ich tief tauchen,

muss die Welt und alles, was mir bekannt ist
und gesichert erscheint, weit hinter mir lassen,
tief ins Innere hinein,
den Lichtstrahl meiner Aufmerksamkeit
nach innen gerichtet.
Unbekannt, flüchtig, schwer zu greifen
sind die Eindrücke der tiefen inneren Welten;
zu sehr sind wir das Tageslicht gewohnt.
Du musst lernen, anders zu sehen;
nicht mit den Augen, sondern mit deinem ganzen Wesen.
Eindrücke drängen sich nicht wie Objekte in dein Bewusstsein,
sondern wie Nuancen des Erlebens.
Es ist eine Welt, in der es nichts mehr zu sehen gibt;
aber vieles zu sein.

In die Tiefe des inneren Ozeans tauchen

Denke dir, du seiest ein Ozean:
An der Oberfläche von Ereignissen und Eindrücken
in Bewegung versetzt,
schäumt und brodelt und braust er;
und hältst du dich an der Oberfläche deiner selbst auf,
so wirst du von Gedanken und Emotionen hin- und hergeworfen.
Tauchst du jedoch in die Tiefe, findest du Stille und Frieden.

Lenke deine Aufmerksamkeit
statt auf die Oberfläche des Ozeans auf seine stille Tiefe.
Wie hoch auch immer die Wellen sein mögen,
die die Oberfläche aufwühlen, tauche durch sie hindurch,
lasse dich von ihnen berühren,
aber halte unbeirrbar Kurs auf die stillen Tiefen.
Dort findest du Frieden.
Wann immer du es wagst,
deine Gedanken und Beschäftigungen
für einen Moment fallen zu lassen,
ist der Friede in deiner Reichweite.

Der äußeren Welt den Rücken kehren, die innere entdecken

Nur eine entschiedene Abkehr
von den äußeren Eindrücken wird dir
Zutritt zur inneren Welt gewähren.
Solange noch eine Sorge, eine Angst dein Gemüt besetzt hält,
wirst du der inneren Welt nicht gewahr.
Wenn du den Tempel deiner Meditation betrittst,
so nimm deine Sorge mit hinein.
Breite sie mitten auf dem Altar aus,
unter den Augen deines allerhöchsten Selbst,
und betrachte sie gemeinsam mit Ihm.
Lass Sein Licht auf deine Sorgen fallen,
Sein Herz sich ihrer erbarmen,
bis dich Sein Wissen und Frieden erfüllt.
Durch den Tunnel der Stille
gelangst du in die innere Welt.
Die Welt deiner Gedanken ist nicht die innere Welt;
sie ist nichts als ein verzerrter Spiegel der äußeren Welt.
Die innere Welt beginnt dort,
wo die gewöhnlichen Gedanken aufhören.
Ergib dich der Stille;
gib dich ihr hin.

In die Gegenwart anderer Wesen eintreten

Die Welt ist nicht außerhalb von dir –
sie ist in dir enthalten und du in ihr.
Du kannst in jedem Augenblick
mit jedem anderen Teil der Welt in Berührung treten.
Dein Wunsch muss klar, dein Motiv rein sein
und dein Geist
von den Gedanken und Bildern der Vergangenheit befreit.
Vergangenheit existiert auf der raumzeitlichen Ebene,
auf der sich der Körper bewegt.
Die Seele lebt jenseits von Raum und Zeit.
Deshalb kannst du in die Gegenwart jedes anderen Wesens
in jedem Augenblick eintreten.

Die inneren Zusammenhänge entdecken

Wenn meine inneren Sinne geschärft sind
durch die Abkehr von den äußeren Eindrücken
und das Eintauchen in die Stille,
entdecke ich
die verborgene Bedeutung
in allem, was mir widerfährt;
den geheimen Zusammenhang,
den verschleierten Sinn.
Das innere Leben der Menschen und Dinge,
die zu meiner Welt gehören,
ist mir zugänglich;
mit Vorsicht und Achtung berühre, erspüre ich es.
Mein eigener Atem trägt mich hinein.

Den Träumen der Abenddämmerung Raum geben

Wenn die Sonne sich zurückzieht, erscheinen die Sterne.
Sie waren die ganze Zeit da,
nur haben wir sie im hellen Licht der Sonne nicht gesehen.
Wenn unser Bewusstsein nicht
auf die Dinge der äußeren Welt gerichtet ist,
treten die inneren Welten hervor.
Sie waren die ganze Zeit vorhanden,
doch haben wir sie nicht wahrgenommen,
abgelenkt, wie wir waren, von den Dingen der Welt.
So lasst uns, wenn das Tagesbewusstsein zurücktritt,
und unsere Geschäftigkeit sich legt,
einen Augenblick im Dämmerlicht
zwischen den Welten verharren,
bevor wir die Lichter einschalten
und uns erneut mit den Dingen der Welt beschäftigen.
Lasst uns beobachten,
wie Gedanken, Bilder, Stimmungen und Gefühle
aus dem Hintergrund unseres Bewusstseins auftauchen,
die wir am Tage verdrängen.
Lasst den Träumen der Abenddämmerung Raum;
sie sind Botschafter der Seele.

Die Ernte des Tages einfahren:

Die Erfüllung

Die Erfüllung würdigen

So wie der Morgen die Zeit der Vorfreude, der Hoffnung,
der Sehnsucht und der frischen Ideen ist,
ist der Abend die Zeit der Erfüllung.
Wie auch immer dein Tag gewesen ist:
Halte Ausschau nach einem Funken Erfüllung,
der dir heute zuteil wurde.
Irgendein Plan, sei er noch so klein,
hat sich an diesem Tag verwirklicht;
irgendeine Erkenntnis ist heute ausgereift;
eine Entscheidung endlich getroffen,
eine Frage beantwortet; eine Sehnsucht erfüllt,
oder zumindest bist du ihrer Erfüllung
einen Schritt näher gekommen.
Verweigerst du dieser Erfüllung
in deinem Herzen die Anerkennung,
so entgeht dir die Zufriedenheit,
die dir die Erfüllung schenkt,
zusammen mit der Kraft, die sie dir verleiht
und die dich befähigt, dich des Lebens zu erfreuen
und neue Pläne zu schmieden, neue Hoffnung zu schöpfen,
neue Träume zu verwirklichen.

Wie muss ich mein Leben ändern?

Welch große Pläne hatte ich am Morgen!
Mit welcher Freude begann ich den Tag!
Jetzt ist es Abend geworden,
und ich fühle mich lustlos und müde,
zum Ruhen zu unruhig,
zum Tun zu erschöpft.
Wie lange noch wird mein Gemüt an jedem Morgen
so vergnügt und munter sein wie ein junger Hund,
der sich stets und ohne besonderen Grund
von Neuem freuen kann?
Werde ich es nicht endlich leid sein,
den Tag voller Vorfreude zu beginnen
und erschöpft und entmutigt zu beenden?
Wie muss ich mein Leben ändern,
damit die Vorfreude des Morgens
ihre Krönung findet
in der Erfüllung des Abends?

Die Traurigkeit und die Einsamkeit einladen

Nein, ich will nicht diese Stille,
diese Dunkelheit, dieses Schweigen,
in dem meine klagenden Gedanken
allzu laut in den Vordergrund treten.
Das Abenddunkel gleicht zu sehr meiner Traurigkeit.
Ich will Licht und Lärm machen,
den Fernseher einschalten,
mir einbilden, es sei heller Tag
und die Welt sei hier, in meinem Zimmer,
und ich sei nicht allein.
Und wenn ich einschlafe, will ich in Schlaf fallen,
ohne einen Augenblick Zeit zu haben,
zur Besinnung zu kommen.

Solange ich meiner Traurigkeit,
meiner Einsamkeit, meiner Klage
aus dem Weg ging,
bedrohte sie mich
wie ein Schatten vor dem Fenster,
ein plötzlicher kalter Luftzug,
eine unnennbare Gefahr.
Erst als ich alle Lichter löschte bis auf eine kleine Kerze,
als ich Stille und Dunkelheit in mein Zimmer
und die Traurigkeit in mein Herz einlud

und den Abend mit ihr verbrachte,
ihr aufmerksam zuhörend,
und sie kennen lernte,
verlor sie ihren Schrecken.

Nun kann ich die Traurigkeit hereinbitten,
wenn sie anklopft,
ebenso wie das Glück und die Freude,
und die Dunkelheit
ist mir ebenso lieb wie das Licht.

Was fehlt zur Vollendung des Tages?

Was der Tag mir nicht geben konnte,
soll der Abend mir geben,
damit der Tag sich vollenden kann.
Fehlte mir Besinnung, so will ich zur Besinnung kommen.
Fehlte mir Bewegung, so will ich mich bewegen.
Fehlte mir Nahrung für Körper, Geist oder Seele,
so will ich meinen Körper, meinen Geist oder meine Seele nähren.
Fehlte mir Ruhe, so will ich ruhen.
Fehlte mir Entspannung,
so will ich mich entspannen.
Fehlte mir Spiel und Spaß,
werde ich mich vergnügen.
Was immer mir zur Vollendung dieses Tages fehlt,
ich kann es mir geben –
aus mir selbst heraus
und aus dem, was mir zur Verfügung steht.
Das Wenigste von dem, was mir fehlt,
muss ich mit Geld erwerben
oder brauche andere Menschen dazu;
und selbst, wenn es etwas gibt,
was ich nur von anderen bekommen kann,
so ist dessen wahrer Gehalt doch etwas,
was bereits mein ist,
was ich nur anregen, nutzen oder

aus der Tiefe schöpfen muss.
Ob es Glück ist oder Frieden, Liebe oder Wärme,
Anregung oder Entspannung,
Fülle oder Zufriedenheit,
all diese Schätze sind bereits mein,
schlummern in mir
und warten darauf,
entdeckt zu werden.

Herzenswünsche leben oder Sucht befriedigen

Widme ich den Abend den Süchten meines Gemüts,
so bette ich mich in Unzufriedenheit;
widme ich ihn den Wünschen meines Herzens,
so schlafe ich zufrieden und erfüllt.

Die Unzufriedenheit bis auf den Grund fühlen

Zufrieden und erfüllt
schläft es sich gut;
Unzufriedenheit macht unruhig.
Jedoch gibt es eine Art, wie du Unzufriedenheit
in schöpferische Kraft verwandeln kannst.
Anstatt dich von ihr treiben zu lassen
oder sie durch Ablenkung zu verdrängen,
fühle deine Unzufriedenheit
und öffne ihr dein Herz.
Fühlst du deiner Unzufriedenheit bis auf den Grund,
so findest du die Sehnsucht darin.
Welche unerfüllte Sehnsucht
steckt hinter deiner Unzufriedenheit?
Dies ist die Regung deiner Seele,
die gehört werden will.
Gibst du dieser Sehnsucht Raum und Anerkennung
oder was immer sie von deinem Herzen braucht,
so kannst du zufrieden schlafen gehen,
denn du fühlst, dass du wieder eins mit deinem Herzen
bist, heimgekehrt auf deinen Weg,
den Weg der Erfüllung.

Das Leben segnen

Gesegnet
ist dein Tag, wie auch immer du ihn verbracht hast.
Du bist es, der urteilt,
der vergleicht, der unzufrieden ist.
Der Geist des Lebens segnet, was immer du tust.
Sei eins mit ihm und segne in Liebe
deinen Tag und deine Nacht,
was immer du vollbracht oder nicht vollbracht hast.
Es wird dir dein Leben mehr gelingen,
wenn du es segnest,
und weniger, wenn du es verfluchst.
Auch jeden Fehler, jeden Irrtum
und jedes Hindernis segne,
denn all dies bringt dich weiter auf deinem Weg.

Am Abend des Lebens

Am Abend meines Lebens
will ich in einer Lehmhütte
auf einer Südseeinsel sitzen,
barfuß und nur mit einem bunten Tuch bekleidet.
Oder Rosen pflanzen in dem Garten,
den ich jetzt nicht habe,
aber dann haben werde.
Am Abend meines Lebens
will ich endlich meinen letzten Traum erfüllen,
den, den ich nie zu leben gewagt habe.
Das Dumme ist nur,
dass ich nicht weiß,
wann dieser Abend anbricht;
oder ob er nicht schon längst begonnen hat.
Was, wenn es jetzt schon so weit ist?
Wenn ich keine Zeit mehr habe,
die Lehmhütte zu finden,
die Rosen zu pflanzen
oder mir meinen Traum zu erfüllen?
Was,
wenn es jetzt schon Abend ist?

Sein Bewusstsein erweitern

Ach, welche Freude,
Lichter zu entzünden
auf dem Hintergrund der Dunkelheit!
Wie festlich der Abend
im Kerzenlicht, im Lampenschein,
am flackernden Feuer.
Millionen kleine Lichter leuchten
auf der dunklen Oberfläche unseres Planeten,
der durch die Nacht gleitet.

Zur Kontemplation am Abend:

Die Betrachtung von Themen

Die innere Zerrissenheit heilen

Heute Abend will ich mich meiner Heilung widmen.
Es gibt so viel zu heilen in mir.
Ich bin in so viele Teile zerfallen,
die Tag und Nacht miteinander streiten;
mal obsiegt der eine, mal der andere,
und wenn ich nicht aufpasse,
bemerke ich es nicht,
sondern jammere nur über meine Probleme
und meine Zerrissenheit.
Ich weiß, das eigentliche Unheil
ist die Zerrissenheit.
Keiner meiner Teile ist unheil; keines meiner Gefühle falsch;
das einzige Unheil besteht darin,
dass ich das eine bejahe und ein anderes verneine,
dass ich eines »Ich« nenne und ein anderes »Nicht-Ich«.
Heute Abend will ich sie in mein Bewusstsein einladen,
die Teile, die ich bejahe,
und die Teile, die ich verneine;
die, die ich mag, und die, die ich nicht mag.
Sie alle sind mir im Laufe des Tages begegnet,
ohne dass es mir bewusst war.

Ich erinnere mich an die Ereignisse des Tages,
und in jeder meiner Reaktionen
entdecke ich einen meiner versprengten Teile.
Ich betrachte ihn, ohne zu urteilen;
fühle, was er fühlt;
und einen nach dem anderen
lasse ich sie durch die Tür meines Herzens
heimkehren zu mir.

Heilung

Du sehnst dich nach Heilung?
Öffne dieser Sehnsucht dein Herz.
Was bedeutet Heilung für dich?
Stelle dir vor, wie es wäre, heil zu sein.
Betrachte, wie du dich fühlst,
während du dir vorstellst, heil zu sein.
Gib diesem Gefühl einen Platz in deinem Herzen.
Es ist ein Gefühl wie jedes andere.
Heil zu sein ist ein Gefühl; nicht heil zu sein ist ein Gefühl;
krank zu sein ist ein Gefühl;
zerrissen zu sein ist ein Gefühl.

All dies sind Gefühle, entstanden durch Gedanken.
Die Wirklichkeit ist.
Sie ist weder heil noch unheil,
sie ist.
Du bist weder heil noch unheil,
du bist.
Nenne dieses Sein heil oder unheil;
nenne es Sein; oder nenne es anders.
Betrachte deine Sehnsucht als Sehnsucht,
deine Gefühle als Gefühle,
deine Gedanken als Gedanken,
die Dinge als die Dinge
und die Menschen als das, was sie sind.
Nichts ist heil, nichts ist unheil;
alles ist.

Das Heil jenseits von Heil und Unheil

Es gibt ein Heil jenseits von Heil und Unheil;
ebenso wie es ein »Gut« jenseits von Gut und Böse gibt.
Dieses Heil findest du in deinem Herzen.
Einem offenen Herzen ist alles heil und heilig;
denn es fühlt alles bis auf den Grund.
Öffne dein Herz für das Heil wie für das Unheil;
für das Gute wie für das Böse;
für das Schöne wie für das Hässliche.
Darin besteht das Schöne, dass du das Hässliche wie das Schöne liebst;
darin besteht die Güte,
dass du das Gute wie das Böse verstehst;
darin besteht das Heile,
dass du dem Heilen wie dem Unheilen dein Herz öffnest.

Der Lebensunterhalt

Das Leben erhält dich,
nicht das Geld.
Wage es, den Gedanken an Geld fallen zu lassen;
wage es, dich dem Leben anzuvertrauen.
Das Leben erhält dich durch Lebendigkeit.
Lebendigkeit entsteht in deinem Herzen.
Folge deinem Herzen;
kümmere dich um das, was deinem Herzen wichtig ist;
lass das aus deinem Leben verschwinden,
was deinem Herzen nichts bedeutet.
Ist dein Herz glücklich,
bist du lebendig;
bist du lebendig, erzeugst du ganz von selbst
den Magnetismus,
der das, was du brauchst,
zu dir hinzieht.

Vertrauen

Wem oder was vertraust du?
Wer oder was ist die Grundlage deines Vertrauens?
Setzt du dein Vertrauen in deine Fähigkeiten? Dein Wissen?
Deine Kraft? Oder einfach in dich selber?
Setzt du dein Vertrauen in dein Schicksal?
Ins Leben?
In deinen Partner? Dein Geld? Deine Freunde?

Jede Grundlage deines Vertrauens kann dir entrissen werden,
außer einer.
Findest du sie,
so stehst du auf dem einzig sicheren Grund, den es gibt,
und nichts kann dein Vertrauen erschüttern,
was auch immer geschieht.

Du findest sie, indem du nach und nach
alle Stützen deines Vertrauens,
die du in deinem Geist angelegt hast, entfernst
und ausprobierst, wie es sich anfühlt,
ohne sie zu leben.
Erst macht es Angst;
Angst ist ein Gefühl.
Das heißt, du kannst die Angst fühlen, anstatt von ihr
besessen zu sein.

Jedes Mal, wenn du eine Grundlage deines Vertrauens
in deinem Geist entfernst,
fühle deine Angst,
nimm sie gewissermaßen an die Hand, während du
geistig den neuen, unbekannten Boden betrittst
und übst, dich auf ihm zu bewegen.
Hast du deinem Vertrauen alle Grundlagen entzogen,
entdeckst du das grundlose Vertrauen,
den grundlosen Grund, den einzig sicheren,
und zugleich die Ekstase der Freiheit.

Stress und Überbelastung

Wenn du darunter leidest,
dich überlastet, überanstrengt,
überfordert zu fühlen,
setz dich für einige Minuten still hin
und betrachte dieses Gefühl.
Denk an die Situationen, in denen du dich
überfordert, überlastet oder überanstrengt fühlst;
erinnere dich deutlich an sie;
dann lenke deine Aufmerksamkeit auf
deinen Körperund deinen Atem.

Anstatt die Tatsachen zu betrachten,
die du vielleicht nicht ändern kannst, betrachte dein Gefühl.
Wie fühlt es sich an?
Was geschieht in deinem Körper?
Öffne dein Herz für dieses Gefühl.
Was braucht es von dir?
Das Wichtigste, was es von dir braucht,
ist, dass du es fühlst.
Anstatt deine Kraft damit zu vergeuden,
in Gedanken gegen die Tatsachen und deine Mitmenschen
zu kämpfen, halte inne und fühle, was du fühlst.
Schenke deinem Gefühl deine Aufmerksamkeit,
deine Gegenwart, fühle es mit deinem Atem,
mit deinem Herzen.
Betrachte es lange, gründlich, ausgiebig,
so lange, bis es sich erleichtert, weil wahrgenommen,
verstanden, geachtet und angenommen fühlt.
Und morgen, bevor du mit deiner Arbeit beginnst,
erinnere dich an dieses Gefühl,
daran, wie es sich anfühlte,
daran, was es von deinem Herzen gebraucht hat,
und nimm dir vor, es dieses Mal weder zu unterdrücken
noch zu bekämpfen
noch darüber nachzudenken,
sondern es einfach bewusst zu fühlen.

Je mehr du die Überforderung fühlst,
desto weniger wirst du überfordert sein
und desto weniger wirst du dich überfordern lassen.

Weitere Betrachtungen zu Stress und Überlastung

Nicht die Umstände erzeugen den Stress,
sondern die Art, wie du sie interpretierst.
Achte auf die Gedanken, die du ständig wiederholst.
Aus welchem Gedanken heraus strengst du dich so an?
Welche Angst liegt dem zu Grunde?
Betrachte deine Gedanken,
betrachte deine Angst.
Wie fühlt sie sich an?
Wo sitzt sie in deinem Körper?
Öffne dein Herz für deine Angst, indem du sie fühlst
und ihr mit Achtung und Verständnis begegnest.
Wovor fürchtest du dich?
Wie würdest du dich fühlen, wenn das Schlimmste,
das du befürchten kannst, eintreten würde?
Betrachte dieses Gefühl. Lerne es kennen.
Wie fühlt es sich an?
Was braucht es von deinem Herzen?

Denke dann an die Umstände, die dich so sehr belasteten,
und während du an sie denkst, halte deine Angst und
das schlimme Gefühl, vor dem du Angst hast,
in deinem Herzen.
Du wirst sehen,
dass du diesen selben Umständen nun ruhiger,
klarer und gefestigter gegenübertreten kannst,
gerade weil du deine Angst und den Schmerz,
auf den sie sich bezieht, fühlst.

Entspannung

Wir können die Umstände unseres Lebens ändern,
wir können unser Verhalten ändern,
vielleicht können wir einigen Einfluss
auf unsere Mitmenschen nehmen,
aber an dem, was wir sind, können wir nichts ändern;
dem, was wir sind, können wir nichts hinzufügen,
und von dem, was wir sind, können wir nichts weglassen
oder uns wegnehmen lassen.
Was wir sind, ist unveränderlich und ewig;
gestaltlos und zeitlos; ohne Mangel und ohne Bedürfnisse;
in sich vollendet und schön.

Jeder unserer Tage ist eine Erlebnisreise unseres Selbst;
eine Reise, auf der unsere Seele sich selbst durchwandert
und kennen lernt.
All unsere Aufregung kommt daher,
dass uns das nicht bewusst ist;
dass wir denken, das Leben sei etwas anderes als wir selbst;
dass wir denken, unser Selbst sei zerstörbar,
und man könne es verringern oder vermehren.

Was wir gewinnen während der Reise, ist Erfahrung.
Wir erfahren uns selbst, indem wir leben.
Die Essenz der Erfahrung wird Teil unserer selber;
und doch fügt sie uns nichts hinzu,
denn sie war immer schon in uns vorhanden,
schlummernd in der Tiefe unserer selbst.

Wenn wir wissen, dass wir auf einer Reise sind,
auf der wir uns selbst durchwandern,
und dass nichts auf dieser Reise außerhalb von uns selbst existiert
und nichts uns selbst verringern oder zerstören kann
und dass es nichts gibt,
was das, was wir sind, vermehren kann,
dann können wir uns entspannen
und all die Dinge, die wir zuvor mit viel Geschrei und Aufwand
oder mit verbissener Anspannung verrichtet haben,
nun mit Ruhe, Gelassenheit und neugierigem Interesse tun.

Versenke dich nur in dein Selbst,
wieder und wieder,
durch alle Gedanken und Vorstellungen
und Gefühle hindurch,
und nach und nach fällt alle Anspannung von dir ab.

Sein

Unser Tag ist geprägt vom Tun, vom Denken,
von Emotion.
Tun und Denken und Emotion verschlingen,
wenn wir nicht wachsam sind,
unsere ganze Aufmerksamkeit, unsere Energie.
Wenn wir älter und bewusster werden,
versuchen wir dann, unsere Energie zu erneuern,
indem wir uns frische Luft, Sport, Vitamine,
gesunde Nahrung und alle möglichen Hilfsmittel verschreiben.
Unsere Kraft aber wird genährt vom Sein.
Wenn das Sein zuwenig Raum hat,
weil wir zuviel mit Tun, Denken und Emotion
beschäftigt sind,
hat die Kraft aus der Tiefe es schwer,
an die Oberfläche zu steigen.

Sie bleibt in der Tiefe, ungenutzt,
und wir verlieren die Fähigkeit, aus ihr zu schöpfen.
Gib dem reinen Sein Raum in deinem Leben,
und frische Kraft wird deinen Körper
und dein Gemüt erfüllen.
Sei wie ein Kind;
ein Kind, das sich noch im Paradieszustand
der Kindlichkeit befindet. Es ist nicht untätig,
aber während es spielt oder isst oder rennt oder spricht oder weint,
ruht es im Sein.
Lerne von kleinen Kindern oder von Tieren,
was es bedeutet, zu sein.
Schaffe leere Räume in deinem Terminkalender
und leere Räume in deinem Geist,
damit die Kraft des Seins
dich erfüllen und erneuern kann.

Im Sein ruhen

Mitten im Getriebe des Alltags,
mitten in deinen Tätigkeiten,
mitten in den Herausforderungen des Lebens
kannst du im Sein ruhen.

Das Feld, um dieses »Ruhen im Sein« zu üben,
ist die Meditation.
Erfühle das Sein, in das du eingebettet bist;
der Atem, der dich durchzieht und belebt,
bringt dich ihm näher.
Still sitzend, übe zu sein, anstatt zu tun;
lass äußeres und inneres Tun zur Ruhe kommen
und bleibe still sitzen,
während die Ungeduld auftaucht,
sitze immer noch still,
während die Gedanken dich umschwärmen
wie ein aufgeregter Bienenschwarm;
sitze einfach still.
Es gibt nichts zu tun; die Gedanken schwärmen;
ruhig sitzt du,
während sie schwärmen.
Wenn du dies geduldig übst, kommt der Augenblick,
an dem das Sein das Tun ablöst.

Jeder Augenblick,
den du im Sein verbringst – tätig oder untätig –,
erhöht die Kraft,
die dich befähigt,
im Sein zu ruhen.

Frieden

Es gibt einen Frieden jenseits von Frieden und Unfrieden.
Der Frieden, der das Gegenteil des Unfriedens ist,
ist ein vorübergehender Zustand;
wie alles andere in dieser Welt ist er veränderlich;
und alles, was existiert,
befindet sich auf der Linie zwischen Frieden und Unfrieden
in einer wandelbaren Position,
mal näher dem Frieden, mal näher dem Unfrieden.
Im Frieden ist der Keim zum Unfrieden enthalten;
die Unzufriedenheit, die Sehnsucht nach mehr.
Im Unfrieden ist der Keim zum Frieden enthalten;
die Unzufriedenheit mit dem Unfrieden,
die Sehnsucht nach Frieden.

Es gibt einen anderen Frieden; einen Frieden,
der auf dem Grunde von Frieden und Unfrieden
immer existiert, unabänderlich, unvergänglich.
Lass ab vom Tun und tauche ein ins Sein,
und du findest den Frieden,
der dir auch inmitten des größten Unfriedens
immer erhalten und immer zugänglich bleibt.

Erfrische deinen Geist

Den ganzen Tag über
und vermutlich alle Tage deines bisherigen Lebens
warst du damit beschäftigt, du zu sein –
mehr oder weniger das zu erfüllen,
was du und andere sich unter dir vorstellen.
Du kannst deinen Geist erfrischen,
indem du in das Sein eines anderen Wesens eintauchst.
Du kannst zum Beispiel üben, Blume zu sein oder Stein,
Katze oder Vogel, Baum oder Wind oder Stern,
Sonne oder Mond.

Betrachte eine Blume. Spüre deinen Atem;
betrachte die Gedanken und Gefühle, die auftauchen,
während du die Blume
mit deinen äußeren oder inneren Augen anschaust;
sitze still und betrachte die Blume weiter,
während Gedanken und Gefühle vorüberziehen,
so lange, bis die Gedanken schweigen
und du ganz in die Betrachtung der Blume versunken bist.
Betrachte die Blume nun nicht nur mit den Augen,
sondern mit deinem ganzen Wesen. Fühle sie.
Fühle, wie dein Sein und das Blume-Sein
einander berühren und überschneiden.
Wechsle dann langsam vom Du-Sein ins Blume-Sein über.

Erfahre, wie es ist, die Blume zu sein.
Sei die Blume.

Wähle, um deinen Geist zu erfrischen,
ein Wesen oder eine Ausdrucksform des Seins,
zu der dich in diesem Augenblick
eine besondere Sehnsucht hinzieht.
Vielleicht liebst du Zitronenbäume;
dann versenke dich in die Betrachtung des Zitronenbaum-Seins.
Vielleicht sehnst du dich nach der Kraft und Frische des Ozeans;
vielleicht nach der Leichtigkeit der Luft;
dann versenke dich in das Ozean-Sein oder das Luft-Sein.

Du kannst dich in jedes Wesen und jede Ausdrucksform
des Seins versenken;
deinem Selbst sind keine Grenzen gesetzt.
Auf diese Weise erfrischst du deinen Geist
und machst Ferien von deinem Ich.

Zwischen Wachen und Schlaf:

Zur Nachtruhe

Sich selber bemuttern

An manchen Abenden, wenn ich Kinder im
Schlafanzug sehe,
bettfertig, mit geputzten Zähnen,
ergreift mich ein Neid
und eine unsinnige Sehnsucht,
selber ein Kind zu sein,
behütet und gehegt
von einer Mutter, die ihm das Kopfkissen glatt streicht
und ihm eine Geschichte vorliest,
bis es einschläft.
Heute will ich mir selber Mutter sein;
mich mit Sorgfalt fürs Schlafengehen herrichten,
schöne frische Laken aufziehen,
mir mein Kissen glatt streichen,
mir eine Geschichte vorlesen
und ein Schlaflied singen, ganz für mich allein.

Sich regenerieren

Am Tage habe ich einen Teil von mir verbraucht;
dieser Teil ist für immer vergangen.
Morgen werde ich wieder einen Teil von mir verbrauchen,
und übermorgen wieder einen, und auf diese Weise,
könnte man meinen, verbrauche ich mich,
indem ich lebe, wie eine Kerze,
die herunterbrennt und verlöscht.
In der Zeit von Sonnenuntergang bis Sonnenaufgang jedoch
ersetze ich, was ich verbraucht habe,
durch Neues, regeneriere ich mich.
Indem ich den Abend nutze, um mir die
Muße zu gönnen oder die Bewegung,
die Anregung oder die Entspannung,
die mir am Tage fehlte,
erneuere ich meine Kräfte für einen Schlaf,
in dem ich aus fernen Welten
frisches Leben schöpfe und frische Kraft.
Verbrauche ich mich jedoch am Abend weiter,
wie ich es am Tage tat,
ohne auf Körper und Seele zu achten,
so bin ich im Schlaf zu erschöpft,
ist die Reichweite meines Geistes zu klein,
um frisches Leben aus fernen Welten
in mich hineinzuziehen.

Auf kleiner Lebensflamme schlafe ich,
schwach und erschöpft,
um am nächsten Tag noch mehr von mir selbst zu verbrauchen,
anstatt aus dem unendlichen Ozean des Lebens zu zehren.
So altere ich,
verbrauche mich schnell,
und welke dem Tod entgegen,
anstatt mit jedem neuen Tag
ein frischer neuer Mensch zu sein.

Ein Gute-Nacht-Gruß

Kein größerer Trost als der Schlaf.
Zu wissen, dass wir schlafen dürfen,
dass es Stunden gibt, in denen wir alles vergessen,
in denen nichts uns erreichen kann,
in denen der weiche Mantel des Schlafes uns schützt.
Stunden des Heils und des Friedens
und der Geborgenheit.
Mögen alle Wesen in dieser Nacht
friedlich und erholsam schlafen
und die Mühen, Ängste und Schrecken des Tages vergessen.
Möge die Nacht allen Wesen

schenken, was sie brauchen,
sei es Trost oder Vergebung, Kraft oder Inspiration,
Heilung oder Erleuchtung, Hoffnung oder Mut.

Der unerfüllten Wünsche gewahr werden

Wünsche
sind Lebensäußerungen deiner Seele.
Achte sie niemals gering!
Achte jeden deiner Wünsche.
Bevor du den Abend beschließt,
werde dir deiner unerfüllten Wünsche gewahr.
Verbleibe nicht im Trauern, nicht in der Resignation,
sondern setze deine Wunschkraft frei,
indem du dir nach Herzenslust das ausmalst,
was du dir wünschst.
Tust du dies,
so taucht die Sehnsucht in deinem Herzen auf
und wird spürbar für dich.
Wonach sehnst du dich?
Welche Sehnsucht liegt hinter deinem Wunsch verborgen
und drückt sich aus durch ihn?
Dies ist die Regung der Seele in dir.

Öffne ihr dein Herz,
anstatt es mit Argumenten zu verschließen;
die Logik des Herzens
ist eine andere als die des Verstandes.
Das Herz weiß mehr, als der Verstand weiß,
das Herz weiß mehr als du.
Es weiß, dass jeder Wunsch in Erfüllung geht,
denn es weiß, dass alles, was ist,
aus einem Wunsch entstanden ist.
Sage zu keinem deiner Wünsche »unmöglich«;
bette dich niemals in Ohnmacht und Resignation,
sondern in dem guten Gefühl,
für deine Wünsche,
die Regungen deiner Seele,
das Menschenmögliche getan zu haben.
Den Rest
besorgt das Übermenschliche
ganz allein.

Sich von Groll und Schuld reinigen

Verweile nicht in deinem Groll,
wenn du dich schlafen legst;
verweile auch nicht in deiner Schuld,
wenn du wegen irgendeiner Sache ein schlechtes
Gewissen hast.
Groll und Schuld sind keine Begleiter für den Schlaf.
Hegst du Groll,
so fühle deinen Groll von ganzem Herzen,
und indem du ihn fühlst, erbarmst du dich seiner
und befreist dich zugleich von ihm.
Prüfe, ob es irgendetwas gibt,
das du demjenigen, dem du grollst, mitteilen kannst,
damit du mit ihm in Frieden bist;
wenn es dergleichen gibt, so teile es ihm im Geist mit,
bevor du dich schlafen legst,
und nimm dir für morgen oder einen anderen Tag vor,
das zu tun, was immer notwendig ist,
um mit diesem Menschen im Frieden zu sein.
Fühlst du dich schuldig
wegen etwas, was du heute oder gestern getan hast,
so fühle deine Schuld von ganzem Herzen,
und indem du sie fühlst,
erbarmst du dich ihrer
und befreist dich zugleich von ihr.

Prüfe, ob es irgendetwas gibt, das du ändern kannst;
das du wieder gutmachen kannst;
eine Geste, ein Wort, eine Tat, ein Geschenk,
ein Ausdruck der Reue;
teile dem Menschen, den du geschädigt hast,
dies geistig mit, bevor du dich schlafen legst,
und nimm dir vor,
den Rest am morgigen oder einem anderen Tag zu tun.
Bist du nicht in der Lage, dein Herz zu öffnen,
so wecke in dir den Wunsch, dass es sich öffnen möge,
und nimm diesen Wunsch mit in den Schlaf.
Auf diese Weise
reinigst du dich von den Unruhestiftern,
die deinen Schlaf vergiften
und es dir unmöglich machen,
in den himmlischen Frieden einzutreten,
den die Nacht für dich bereithält.

Dämonen und Engel

Dein Körper ist ein Instrument,
am Tage spielt dein Verstand und dein Gemüt darauf,
in der Nacht ruht es.
Bevor der Morgen graut,
wird dein Instrument gestimmt;
wenn du Glück hast, von den Engeln;
wenn du Pech hast,
von den Dämonen deines Gemüts,
die du am Vorabend nicht befriedet hast.
Wenn die Engel dein Instrument stimmen,
so erwachst du glücklich, erfrischt,
aus einem seligen Schlaf;
bist du jedoch von Trübsinn erfüllt,
von Schwere oder Ärger, wenn du am Morgen erwachst,
so wurde dein Instrument von den Dämonen
deines Gemüts gestimmt.
Die Dämonen sind nichts anderes als Engel;
Engel jedoch, die im Dunkeln leiden,
in Verbannung, Unverständnis, Vergessenheit.
Beides, Engel und Dämonen
sind Teile deiner selbst,
beide sind du.
Die einen bejahst du;
die anderen verneinst du.

Wenn du deinen Dämonen begegnest,
erinnere dich:
In jedem Dämon
ist ein Engel verborgen.
Schaust du deinem Dämon tief ins Herz,
findest du den Engel darin.

Sich selber nahe sein

Bist du dir selber nah,
so kannst du auch anderen nah sein.
Bist du dir selber nah,
so bist du niemals einsam.
Leidest du an Einsamkeit,
und wünschst dir einen Gefährten,
neben den du dich betten kannst,
so suche zuerst deine eigene Nähe.
Der Gefährte, den du suchst, ist innerhalb von dir,
nicht außerhalb.
Findest du den Gefährten im Innern nicht,
so bleibst du einsam,
auch wenn du äußerlich einen Gefährten hast.
Anstatt in Vergessen zu flüchten,

wenn du einschläfst, sei dir selber nah;
deinem eigenen Herzen; deinem eigenen Atem;
deinem eigenen Körper;
fühle deine Sehnsucht und deine Enttäuschung,
deine Einsamkeit und deine Nähe;
die Verbundenheit mit denen, die du liebst;
und die Verbundenheit mit allem um dich herum.

Die Nähe zu allem und allen

Um dich herum lebt und atmet es.
Die Luft, die du atmest, ist lebendig;
die Erde, auf deren Körper du lebst, ist lebendig;
die Bäume, die Wolken, die Sterne und der Mond,
die Vögel, die Tiere, die Menschen um dich herum,
sie alle teilen sich Leben und Atem mit dir.
Einsam ist nicht der, der allein ist;
einsam ist der,
der die Nähe zu sich selber verloren hat.
Die Nähe zu dir selber
ist der Schlüssel
zur Nähe zu allem und allen.
Durch das Tor der Einsamkeit

betrete die Welt der Intimität mit dir selber,
und dort entdecke,
dass diese Intimität alles umfasst,
was innerhalb und außerhalb deines Körpers ist;
dein eigenes Ich und das Ich der ganzen Welt.

Im Schlaf herbeiholen, was man braucht und wünscht

Die große Kunst,
mit geringem Aufwand viel zu erreichen,
ist, seinen Schlaf so zu programmieren,
dass er einem alles bringt,
was man braucht oder wünscht.
Anstatt seine Kraft zu vergeuden,
indem man die Dinge durch Nachdenken
zu beeinflussen, zu lösen oder herbeizuzwingen versucht,
oder indem man auf der materiellen, der schwerfälligsten Ebene
Veränderungen zu bewirken versucht,
erschafft man im Schlaf, was man braucht oder wünscht,
stellt Weichen, holt Helfer, Ideen, Inspirationen
und Lösungen herbei oder Heilung.
Bereinige dein Gemüt am Abend,

indem du auf alles zurückschaust, was am Tage geschah,
alles abschließt, was du abschließen kannst,
indem du es würdigst,
und das, was nicht abgeschlossen ist,
im Hinblick auf die darin verborgene Sehnsucht untersuchst.
Welche Wünsche sind nicht erfüllt?
Welche Sehnsucht verbirgt sich hinter diesen Wünschen?
Verwandle diese Sehnsucht in ein Gebet,
nimm dieses Gebet mit in den Schlaf,
und der Nacht-Teil deines Wesens,
der Rest des Eisbergs, von dem dein Tages-Ich nur die Spitze ist,
bereitet vor, was immer zur Erfüllung deiner Sehnsucht
geschehen muss.
Suchst du eine Eingebung, eine Idee oder Antwort auf eine Frage,
so untersuche dein Thema, soweit es irgend geht,
mit deinem Verstand,
und nimm deinen Wunsch nach Eingebung, Idee oder Antwort
mit in den Schlaf.
Überantworte die Sorge um die Antwort, die Lösung, die
Eingebung oder Idee dem Nacht-Teil deines Wesens,
der über unbegrenzte Mittel verfügt.

Über Träume meditieren

Träume sind die Musik deiner Seele.
Wenn du ein Musikstück hörst,
so kannst du versuchen, es zu analysieren,
um seine Botschaft mit dem Verstand zu enträtseln;
du kannst dich aber auch einfach der Musik öffnen
und sie mit deinem ganzen Wesen hören,
sie auf dich einwirken lassen,
in Resonanz mit ihr treten,
dann erfasst und begreifst du sie ganz,
auch wenn du es nicht in Worten,
die der Verstand versteht,
ausdrücken kannst.

Jeder Traum hat seine Stimmung,
seine ganz besondere Schwingung und Färbung,
welchen Inhalt auch immer er verdeutlicht.
Manche Träume sind Botschaften
deines Nacht-Ichs an dein Tages-Ich;
manche Träume sind Begegnungen mit anderen Wesen,
die dir nahe stehen;
manche sind eher poetischer Natur
und nicht dazu da, dich zu informieren,
sondern eher, dich zu erfreuen
oder fröhlich zu stimmen.

Achte weniger darauf, die Inhalte zu verstehen,
und mehr darauf,
die besondere Schwingung, Stimmung, Färbung des Traums
in Erinnerung zu behalten,
so kommst du näher in Berührung mit der Seele,
dem Kern deines Wesens.

Sich auf das Träumen vorbereiten

Träume sind dein ganz privates Reich,
deine eigene magische Welt,
in der deine eigene Sprache gesprochen wird;
eine Sprache, die nicht dein Tages-Ich,
sondern dein Nacht-Ich versteht,
der Teil deines Ichs, der dir näher ist als dein Tages-Ich;
auch wenn du ihn am Tag verleugnest,
so erkennst du doch seinen Geruch, seinen Geschmack,
seine Stimmung, seine Sprache wieder,
wenn du dich an Teile deiner Träume erinnerst.
Noch lange begleiten dich jene Träume,
die dich auf geheimnisvolle Weise
mit deinem tieferen Ich in Berührung brachten;
sehnsüchtig versuchst du sie zu halten, zu hegen,
denn sie bringen dir einen Teil deiner selbst zurück,
den du vergessen hattest.
Freunde dich an mit der Nacht, mit den Träumen,
indem du dich vor dem Einschlafen darauf vorbereitest,
in das Reich deiner Träume einzutreten
und Schätze aus ihm mitzubringen
in den Tag.

Zwischen Wachen und Schlaf verharren

Zwischen dem Tages-Ich,
das sich einbildet, einigermaßen geordnet,
vernünftig und klar definierbar zu sein,
und dem Nacht-Ich,
das dem Tages-Ich chaotisch, unverständlich,
dunkel und unkontrollierbar erscheint,
gibt es in Wahrheit keine Grenze.
Wenn das Tages-Ich herrscht,
tritt das Nacht-Ich in den Hintergrund,
verschwindet jedoch nicht;
viele Gedanken, Gefühle und Impulse des Tages-Ich
gehen aus seinem Hintergrund,
dem Nacht-Ich, hervor.
Wenn das Nacht-Ich herrscht,
tritt das Tages-Ich in den Hintergrund,
verschwindet jedoch nicht;
es greift gelegentlich in das Geschehen der Traumwelt hinein
und zwingt der Traumwelt
seine Gesetze auf.
Eine Welt gibt es,
in der Nacht-Ich und Tages-Ich sich vermischen;
es ist die Grauzone zwischen Wachzustand und Schlafzustand
und zwischen Schlafzustand und Wachzustand.

Verweilst du in dieser Grauzone,
ohne dich in ihr zu verlieren,
so kannst du aus deinem ganzen Ich schöpfen.
Die Kunst besteht darin,
sich weder zu verlieren und wieder einzuschlafen,
noch mit dem Verstand des Tages-Ichs einzugreifen.
Lass weder das Licht noch die Dunkelheit überwiegen;
verweile als Gast, als Beobachter,
im zwielichtigen Reich des Tag-Nacht-Bewusstseins;
lass dich von der Fülle der Eindrücke, Bilder,
Ideen, Erkenntnisse und Eingebungen inspirieren,
aber nicht überwältigen;
versuche nicht, sie mit dem Verstand zu ordnen
oder zu beeinflussen,
jedoch lasse dich auch nicht von ihnen davontragen.
Bleibst du bewusster, beobachtender Gast in dem flüchtigen,
schwer fassbaren Reich zwischen Wachen und Schlaf,
so schöpfst du aus einer gewaltigen Fülle an Möglichkeiten.

Ein Nachtgebet

All meine Ängste und Sorgen
vertraue ich dir an, Mutter Nacht,
all meine Fragen und Zweifel.
Erbarme dich meiner Nöte
und erbarme dich meiner Unwissenheit,
meiner Angst und meiner Gier,
die mich haben schuldig werden lassen
an meinen Nächsten und an mir selber.
Ich bringe dir meinen Groll dar, dunkle Mutter,
meinen Zorn, und alles, was ich nicht vergeben und
vergessen kann.
Dein Herz, das weiß ich, kennt und versteht alles.
Meine Trauer und meinen Schmerz
klage ich dir.
Breite den gnädigen, den heilenden,
den tröstenden Mantel des Schlafs
über alles, das ich vor dir ausgebreitet habe.
In dein dunkles Erdreich will ich
den Samen meiner Wünsche, meiner Sehnsucht,
meiner Hoffnung säen.

Bringe meine Liebe, meine liebenden Gedanken
zu denen, die mir teuer sind, um deren Wohl ich mich sorge,
und verwandle meine unbeholfene Sorge

in Segen für sie.
Schenke uns allen Frieden, Mutter Nacht,
schenke uns Vergebung und Verstehen,
Heilung und Erholung.

Gebet an die dunkle Mutter

Dir müssen wir uns doch alle ergeben,
in dir sind wir alle gleich und alle vereint,
wenn du uns heimholst, in Schlaf und in Tod.
Dunkle Mutter,
du wartest auf uns.
Eines Tages müssen wir alle die Waffen strecken,
unsere Beute fallen lassen,
und Rang und Namen, Gestalt und Bedeutung abgeben.
Jeden Abend holst du uns heim,
entführst uns aus dieser Welt,
aus unserem Welt-Ich, unseren Welt-Sorgen
und Beschäftigungen
durch andere Welten hindurch
in dein Reich.
Freudig will ich mich dir ergeben
und alles fallen lassen,

was mir am Tage bedeutsam erschien,
während ich in deine dunklen Arme sinke
und mich vom Sein erhole.

DEM RUF DER SEELE FOLGEN:

Die Nachtwache

Teil des Wunders sein

Ach, Welt! Du bist so wunderbar,
wenn du schläfst
unter dem Sternenhimmel, im Mondschein.
Ich höre dich atmen,
höre dich träumen.
Wie ein sanfter Teppich liegt dein Schlaf
unter meinen Füßen;
weich und lautlos gleite ich durch die Nacht, und
ich fühle mein Wesen zu seiner wahren Größe wachsen,
eins mit den Sternen, Teil der Sternenwelt,
Teil des Wunders,
des leuchtenden, funkelnden, tanzenden,
stummen Wunders der Nacht.

Die Unendlichkeit wiederfinden

Wie klein die Welt am Tage ist,
wenn meine Aufmerksamkeit gefangen ist
von den Angelegenheiten und Dingen, den Pflichten und Sorgen
der Menschenwelt.
Wie groß die Welt am Abend wird,
wenn ich ins Freie trete
und meinen Blick auf den Horizont richte,
auf die untergehende Sonne,
den aufgehenden Mond und den Abendstern.
Wenn die Sonne, die unsere Welt beleuchtet,
und in deren Licht unsere Welt als die Welt erscheint,
zurücktritt
und das Feld den anderen, ferneren Sternen überlässt,
die uns als kleine Lichtpunkte
an einem dunklen Himmel erscheinen,
wächst die Welt, deren wir uns gewahr sind,
ins Unermessliche.
Die kleine Welt des Tages,
in der alle unsere alltäglichen Angelegenheiten
ungeheuer wichtig erscheinen, verblasst,
und eine unendliche Welt taucht auf,
belebt und bevölkert von
unzähligen Sonnen,

Geschwister unseres Tagessterns,
dessen Licht jetzt andere Länder, andere Inseln,
andere Meere auf unserem Erdball beleuchtet.

Ein wandelndes Abbild des Alls

Im Licht der Sterne ging ich spazieren.
Festlich und fern
leuchteten Millionen von Sonnen
am dunklen Nachthimmel, über mir,
neben mir und unter mir.
Im dunklen Weltall,
inmitten unzähliger Sterne,
ging ich spazieren,
trug mich die Erde herum.
Im Licht der Sterne saß ich still.
In mir
entdeckte ich eine Sternenwelt
gleich der um mich herum.
Unzählige Lichtkörperchen,
umeinander kreisend
im dunklen All meines Körpers.

Im dunklen Weltall, inmitten unzähliger Sterne,
ging ich, ein wandelndes Abbild des Alls, spazieren,
trug mich die Erde –
trug meinen Körper der Körper der Erde – herum.

Mein Zuhause ist das Weltall

Die Enge
meiner vertrauten, kleinen Tageswelt abstreifen,
meinen Körper strecken,
meine Arme ausbreiten,
meinen Blick in die Ferne richten,
weit, weit hinausschauen über meine Welt,
bis zum Horizont,
bis jenseits des Horizonts, hinter der Sonne,
bis hinauf und hinunter zu den Sternen,
die Unendlichkeit, in die mein Körper-Ich eingebettet ist,
und die ich in der geschäftigen Tageswelt ausgeblendet habe,
wieder einblenden.
Mein Zuhause ist nicht nur mein Körper und mein Haus,
mein Zuhause ist das Weltall,
meine Zeit die Unendlichkeit,
mein Geist ist der Geist des Universums,

gefangen in der Enge der persönlichen Perspektive am Tag,
doch in der Nacht
kann ich ihn freilassen.

Der Zauber des Vollmonds

Vollmond!
Du lädst mich ein, auf einer Lichtung zu tanzen,
und kann ich dies nicht mit meinem Körper,
so doch wenigstens im Geist!
Die Arme ausbreiten und drehen, drehen,
Spiralen formend aus deinem Silberlicht
um mich herum, größer und größer.
Drehen, wie die Sterne sich drehen,
die Planeten,
und wie du,
wunderbarer Mond.
Immer noch hast du die Kraft,
unsere Nächte zu verzaubern
wie in alten Zeiten
und uns zum Tanz zu rufen.
Einstmals sangen wir Mondgesänge
in solchen Nächten,

tanzten um Felsen herum,
Flöte spielend,
Mutter Mond unsere Aufwartung machend
und unsere Gebete darbringend.
Mond, sanfte Göttin der Nacht,
segne unsere Felder, unsere Körper,
unsere Kinder,
auch die, die noch kommen werden.
Erinnere uns stets,
wie in dieser wunderbaren Nacht,
die du hell beleuchtest,
dass alles ein Zauber und ein Geheimnis ist,
ein Heiliges, das man hüten muss
in Stille und Ehrfurcht.

Leuchten wie der Mond

Wie der Mond
das Licht der Sonne widerspiegelt
und dunkle Nächte hell erleuchtet,
so will ich dein Licht,
Geliebter aller Herzen,
widerspiegeln
und denen leuchten, die sich in der Dunkelheit ihres Gemüts
verlieren.

Ich dachte,
ich könnte leuchten aus freiem Entschluss;
jedoch, wie auf den Mond, schiebt sich auch auf mich
von Zeit zu Zeit der Schatten der Erde
nach einem Gesetz,
auf das ich keinen Einfluss habe.
Was bleibt mir übrig,
als wie der Mond
einfach zu sein?
Dunkel, wenn Schatten auf mich fällt
und hell leuchtend,
wenn dein Licht mich ohne Hindernis bestrahlt?

Im Mondlicht träumen

In einer hellen Vollmondnacht
besuchte ich den Mond,
flog ihm im Feenkleid
mit zarten Flügeln entgegen,
tanzte in seinem Licht.
Wie wunderbar, im Mondlicht zu fliegen,
welch stilles Glück.
In manchen Nächten
sehnte ich mich danach zurück.
Jedoch muss nicht Vollmond sein,
und ich muss nicht träumen,
um dies zu erleben:
Hier und jetzt kann ich die Augen schließen
und auf den Flügeln meiner Sehnsucht
dem strahlenden Mond meiner Träume
entgegenfliegen.
Mein Geist kann Purzelbäume schlagen,
Pirouetten drehen,
kann Flügel und Arme ausbreiten
im hellen Licht des Mondes,
das nicht scheint.

Mit dem Nachtwind reisen

Der Nachtwind rüttelt an den Fenstern,
an den Dächern, schüttelt die Bäume,
wirbelt die Träume der Menschen und Tiere herum.
Mein Geist verbindet sich mit dem Nachtwind,
fährt mit ihm durch die Dunkelheit,
Bäume und Gräser und schlafende Blumen streifend,
Fetzen von Träumen und Seufzern, Gebeten und Gesprächen
mit sich tragend, um sich streuend,
furchtsame Geister erschreckend,
starke, die die Nacht durchstreifen, begeisternd und stärkend.
Erfrischt von meiner Reise mit dem Nachtwind
kehre ich heim in das Haus meines Körpers,
in seine Wärme, seine Enge,
zu seinem vertrauten Atem.

Seine Seelenfamilie wiederfinden

In manchen Nächten
findet mein Geist heim zu seiner Familie,
zu seinen Freunden und Geschwistern,
feiert das Zusammensein, berät sich mit ihnen,
holt sich Unterstützung, Hilfe
oder einfach den Trost, zu wissen, dass es sie gibt,
jenseits des Vorhangs, der die Welten trennt und verbindet,
dass sie mich begleiten und ich sie,
dass wir einander niemals verlieren,
auch wenn wir uns noch so sehr vergessen.
Ich könnte sie nicht mit Namen nennen;
finde in meiner
Tages-Sprache keine Namen und keine Bezeichnungen für sie,
außer für jene, die mir auf Erden bekannt sind oder waren
und die ich als meinesgleichen erkenne.
Die anderen aber, dort so vertraut,
sind hier namenlos.
Und doch weiß ich, ich kann sie erreichen,
sie hören meine Bitten, meine Fragen, meine Hilferufe,
sie sind für mich da, wenn ich sie brauche,
sie führen mich auf den Weg zurück,
wenn ich ihn verloren habe,
sie erinnern mich an das, was mir wichtig ist,
wenn ich es vergessen habe,

sie bestätigen mich in der Wahrheit, die ich ahne,
doch nicht genau weiß,
und mit der ich hier mitunter ganz alleine bin.
So wie ich, dessen bin ich sicher,
hat jeder, habt auch ihr eure Familie,
eure geistigen Verwandten und Freunde
jenseits des Vorhangs,
der die Welten trennt und verbindet,
und so wie ich,
könnt ihr jederzeit ihren Beistand erhalten,
wenn ihr ihn braucht oder wünscht.

Auf Wanderung durch die Unendlichkeit

Auf unserem Weg
sind wir, du und ich, auf unserer Wanderung
durch dieses unendliche Weltall,
gewordene Träume, weiter im Werden begriffen,
leuchtende Gestalten aus gefrorenem Licht
im Dunkel des noch nicht Seienden,
gleich Sternen im dunklen Weltraum.

Wanderer durch die Welten

Ein Wanderer bist du,
durch die Welten und zwischen den Welten.
Seinsweisen sind es,
die du durchwanderst,
viele Leben und viele Zeiten hindurch,
träumend und wachend,
wachend und träumend.

Das Licht des Bewusstseins wahrnehmen

Am Tage
erfährst du Licht in seiner äußeren Gestalt;
du kannst es sehen,
wenn auch deine Aufmerksamkeit nicht auf das Licht gerichtet ist,
sondern auf die Dinge,
die es beleuchtet und zum Vorschein bringt.
Statt auf die Dinge
kannst du deine Aufmerksamkeit auch auf das Licht,
das sie beleuchtet, richten.

In der Nacht, wenn das sichtbare Licht verschwunden ist
und die Welt dir dunkel erscheint,
kannst du dein eigenes Bewusstsein als Licht wahrnehmen.
Statt auf die Dinge,
auf die dein Bewusstsein gerichtet ist,
kannst du deine Aufmerksamkeit
auch auf dein Bewusstsein selber richten.

Wer bist du,
wenn du dein Bewusstsein
betrachten kannst?

Die Sterne leuchten in mir

Dort draußen
in einem dunklen fernen Weltall
leuchten winzige Lichtpunkte,
die, wie man sagt,
in Wirklichkeit Sonnen sind,
ähnlich unserer Sonne.
Öffne ich mein Bewusstsein,
erweitere ich mein Gesichtsfeld,
so kann ich wahrnehmen,
dass ich mitten in diesem dunklen Weltall sitze,
von Sternen umgeben.
Schließe ich die Augen,
löse mich von der Perspektive meines Körpers,
und von der Erinnerung an diese Perspektive,
so kann ich wahrnehmen,
dass all diese Sterne
nicht irgendwo dort draußen leuchten,
sondern in mir.

Kurs halten auf den Hintergrund der Existenz

Bereit! Bereit, das dunkle Meer des Nichtseins zu erkunden
mit dem Schiff meiner Aufmerksamkeit
und dem Kompass meiner Sehnsucht.
Anstatt zu schlafen,
mich wach in Tiefschlaf zu begeben;
durch Träume und Gedanken, Bilder und die hohen Wellen
meiner Ungeduld hindurch,
unbeirrt Kurs haltend
auf die Welt jenseits der Welt,
jenseits des Bekannten und Erkennbaren,
auf den dunklen Hintergrund der Existenz.

Die Person ablegen und zum wahren Selbst zurückfinden

In der Nacht kann die Seele das Gewand der Person ablegen
und zu ihrem eigenen Wesen zurückfinden.
Wenn du dich von den Tagesgedanken löst
und dich dem stillen Leben der Natur rund um dich her öffnest,
wird es dir leicht fallen, dich von dir selbst –
von der Person, die du zu sein glaubst – zu befreien
und in dein wahres Wesen einzutreten.
Die Vorstellung von räumlicher Ausdehnung
in die Grenzenlosigkeit des Alls hinein
und von zeitlicher Ausdehnung in die Ewigkeit hinein
führt zur Entdeckung deines unbegrenzten Wesens,
deiner wahren Natur.

Ein Gebet
an die Nacht

Oh Nacht, du erscheinst uns dunkel,
weil wir das Licht unserer Sonne nicht wahrnehmen,
aber dennoch bist du voller Licht;
du bist der Schoß, aus dem das Licht geboren wird.

Heute will ich tief in dich eintauchen;
will mich dir ganz öffnen,
will die Nacht-Seite meines Wesens kennen lernen.

Wie war ich verblendet am Tage,
als im Licht der Sonne eine Welt vor meinen Augen entstand.
Jetzt, da die Bilder verschwunden sind,
die meinen Geist täuschen,
erleuchte mich, Nacht.

Die Nacht erleben

Die Nacht ist Teil unseres Wesens wie der Tag;
jedoch überdecken wir sie mit künstlichem Licht,
mit Tages-Aktivitäten und mit Schlaf,
da wir ihre Stille und ihre Dunkelheit fürchten.
Lass uns die Nacht erleben und entdecken,
wie wir den Tages-Teil unseres Wesens
tagtäglich erleben und entdecken.

Wie gut es tut,
die Nacht zuzulassen.

Still sitzen in der Nacht

Am Tage ist meine Aufmerksamkeit von Dingen und Menschen,
Ereignissen und Begegnungen beansprucht;
meditiere ich in der Nacht,
teile ich sie mit meinem Geliebten allein.
Am Tage vergesse ich,
dass sich in jedem Wesen und jedem Ding, das mir begegnet,
der Geliebte verbirgt;
in der Nacht kehre ich reumütig zu ihm zurück
und erinnere mich. »Ach ja, das warst du.
Du warst es, und ich habe dich wieder nicht erkannt.«
Manchmal fühle ich mich schuldig deswegen;
manchmal schimpfe ich mit ihm.
»Warum hältst du mein Herz nicht fester in deiner Hand«,
klage ich. »Warum zeigst du dich nicht deutlicher,
rufst mich nicht lauter.«

Wie unwichtig all das ist,
wenn ich still sitze in der Nacht.

Das Herz weiten

Mein Herz ist so winzig;
es passt fast niemand hinein
außer den wenigen Wesen, die ich gerne mag,
und oft noch nicht einmal die.
In den Momenten jedoch,
da die Liebe mich streift,
entdecke ich ein anderes Herz,
oder mein Herz enthüllt plötzlich auf wundersame Weise
seine wahre Größe,
die unendlich ist.
Wenn die Liebe mich streift,
entdecke ich, dass mein Herz
alles umfassen kann.

Weite mein Herz, Nacht,
das am Tage so eng und verschlossen ist,
jetzt, da die irreführenden Gestalten und Formen
nicht mehr sichtbar sind,
lass mich das Wesen von allem erspüren,
das Herz von allem,
in meinem Herzen.

Ballast abwerfen
und sich über die Erdenschwere erheben

Wirf den Ballast deiner alltäglichen Gedanken ab,
deiner Sorgen, Verpflichtungen und Beschäftigungen
und deiner Vorstellung von dir selbst
als einer bestimmten Person, an einen Körper
gebunden,mit einem tiefen Seufzer entspanne dich,
und mit der neu gewonnenen Leichtigkeit
hebe dich empor in die Schichten deines Wesens,
in denen du raumlos und zeitlos bist,
unbegrenzt und frei.

Das Bewusstsein weiten

Weite dein Bewusstsein,
dehne und strecke dein Wesen,
befreie es von der Enge der Körperlichkeit.
Die feste Gestalt deines Körpers ist nur ein Teil deiner Realität;
ebenso tatsächlich wie du ein fester Körper bist,
bist du ein Energiefeld ohne Grenze,
ebenso bist du ein Lichtwirbel,
dessen Licht sich mit dem Licht der Sterne vermischt;
ebenso bist du ein geistiges Wesen,
reiner Geist, ohne Gestalt, ohne Form, ohne Umriss,
ohne Stoff
und ebenso bist du das Leben selber,
das sich zu deiner Gestalt verdichtet hat.
Diese feste Gestalt ist nicht von allem anderen getrennt;
sie ist aus allem anderen gebildet.
Weite dein Bewusstsein,
weite dein Herz,
befreie dich aus dem Kokon deiner Körper-Person;
in dieser Nacht
breite deine Flügel aus,
so dass sie die Sterne streifen.

Der Geist schweift frei umher

Als ich klein war,
träumte ich von einem fliegenden Teppich,
sah mich nachts über Dörfer und Wälder fliegen,
gemütlich auf meinen Teppich gebettet.
Später entdeckte ich,
dass mein Geist auch ohne Teppich fliegen kann;
ohne Teppich, ohne Flügel und ohne
die geringste Anstrengung.
Denn ein Teil meines Wesens schwebt frei umher –
immerfort, auch wenn ich es nicht bemerke –
schweift in den geistigen Gefilden frei umher,
ganz von selbst, ohne sich zu bemühen.
Ein Gedanke, eine Sehnsucht
bringt mich hierhin und dorthin,
ganz von allein.

Wer bin ich?

Wer bin ich?
Gelüste sind da, Sehnsüchte, ein Geschmack in meinem Mund,
das Geräusch meines Atems,
Gedanken, die mein Bewusstsein durchqueren,
ein Körpergefühl; eine Wärme;
hier und da ein Schmerz;
ein Bild, das zeigt, wie ich mich sehe,
ein Bild, das zeigt, wie meiner Meinung nach
andere mich sehen;
Gerüche; der vage Eindruck einer Gegenwart;
aber so sehr ich auch forsche,
ich finde kein »Ich«.

Sage ich jedoch »Ich«,
mit Macht und bewusst,
so nehme ich wahr,
wie einiges von alledem
sich gruppiert zu einer Gestalt.

Ich bin

Heute bin ich dies;
gestern war ich das;
selbst die Zellen, aus denen mein Körper
zusammengesetzt ist,
sind heute nicht dieselben
wie früher.
Alles, was ich von mir sagen kann,
ist, dass ich bin.
Erinnere ich mich daran –
dass ich bin –,
so rückt alles ins rechte Licht.
Nichts hat mehr soviel Bedeutung wie zuvor,
als ich dachte,
ich sei dies oder das.

Ich bin! Wie wunderbar,
zu sein.

Sich auf das Sein konzentrieren

Anstatt dich darauf zu konzentrieren,
dies oder das zu sein,
konzentriere dich darauf,
wie es sich anfühlt,
zu sein.
Dies führt dich auf die Spur
deines ewigen Wesens.
Das Sein selber ist das Wunderbare,
nicht das
Dies-oder-das-Sein.

Abend und Nacht als Stimmungen der Seele

Der Abend ist nicht nur eine Tageszeit,
er ist eine Phase in deinem inneren Rhythmus,
eine innere Landschaft, eine Stimmung deiner Seele.
Lerne den Abend
als Teil deiner selbst,
als Stimmung deiner Seele kennen.
Diese Stimmung taucht auf am Abend eines Tages,
am Abend einer Unternehmung,
einer Beziehung und am Abend deines Lebens.
Erforsche bewusst, was es bedeutet,
den Abend zu erleben.
Betrachte deine Gedanken;
betrachte deine Gefühle;
versenke dich in die Abendstimmung
in deinem Innern.

Wie das Leben in den Tod,
geht der Abend über in die Nacht;
in der Tiefe der Nacht
wird der neue Morgen geboren.